贝多芬：音乐的力量

BEETHOVEN
LA FORCE DE L'ABSOLU

［法］菲利普·奥特西耶　著

莫兰　译

SPM
南方传媒　花城出版社

中国·广州

图书在版编目（CIP）数据

贝多芬 : 音乐的力量 / （法）菲利普·奥特西耶著 ; 莫兰译. -- 广州 : 花城出版社, 2025. 4. -- （纸上博物馆）. -- ISBN 978-7-5749-0422-4

Ⅰ. K835.165.76

中国国家版本馆CIP数据核字第2024MW3964号

著作权合同登记号 图字：19-2024-324 号

For Beethoven. La force de l'absolu:

First published by Editions Gallimard, Paris

© Editions Gallimard, collection Découvertes 1991

本书中文简体版专有版权由中华版权服务有限公司授权给北京创美时代国际文化传播有限公司。

出 版 人：张 懿
项目统筹：刘玮婷　林园林
责任编辑：张 旬
特邀编辑：吴福顺　沈 韬
责任校对：卢凯婷
技术编辑：凌春梅　张 新
封面设计：墨 非
版式设计：万 雪

书　　名 贝多芬：音乐的力量
　　　　　BEIDUOFEN: YINYUE DE LILIANG
出版发行 花城出版社
　　　　　（广州市环市东路水荫路11号）
经　　销 全国新华书店
印　　刷 天津睿和印艺科技有限公司
　　　　　（天津市武清区大碱厂镇国泰道8号）
开　　本 710毫米×1000毫米　16开
印　　张 11.25　　1插页
字　　数 172,000字
版　　次 2025年4月第1版　2025年4月第1次印刷
定　　价 78.00元

如发现印装质量问题，请直接与印刷厂联系调换。
购书热线：020-37604658　37602954
花城出版社网站：http://www.fcph.com.cn

下面几张贝多芬曲谱手稿的图片，分别为《第十六弦乐四重奏》《第八交响曲》《第十五弦乐四重奏》和一张清唱剧谱的扫描，从中我们得以窥探贝多芬对抗生活磨难的激情与狂热。

斯蒂芬·茨威格
《昨日的世界》，1941 年

　　"贝多芬的第一张手写曲谱给了我强烈的视觉冲击，他
那炽热而不羁的笔触，他那杂乱无序的草图和随意删改的符
号，他那笔尖凝结着的创造性的狂怒，显示出他有如恶魔般
的本性。"

Entschluß. grave

1826.

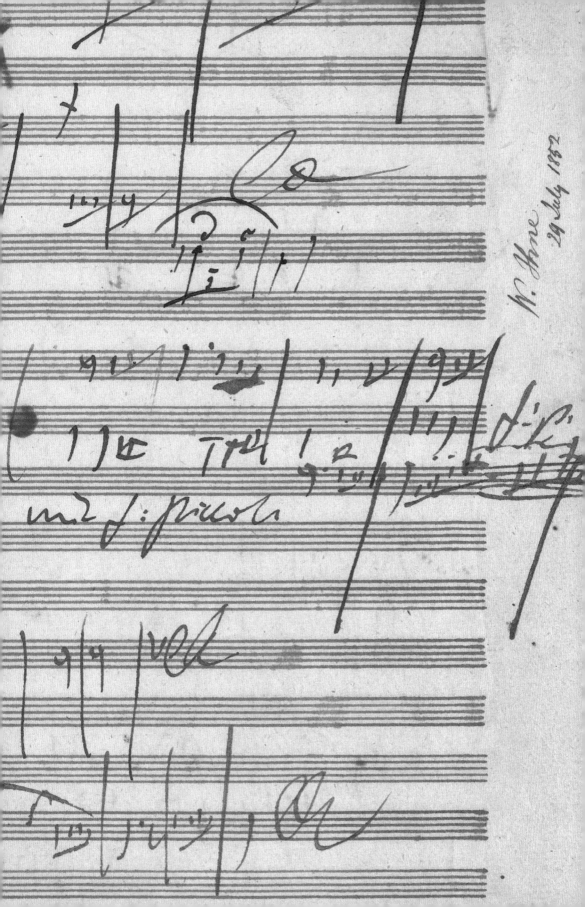

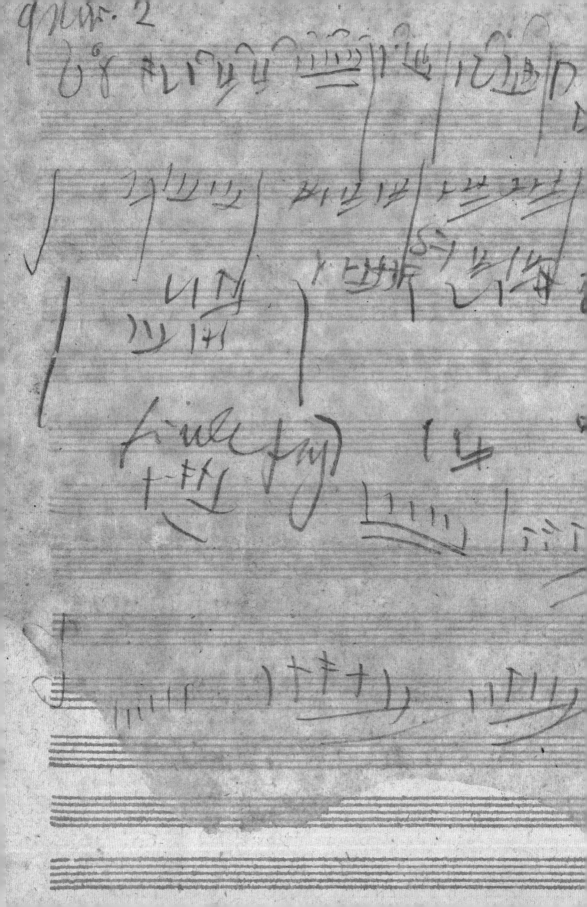

Autographe de Beethoven,

constaté par A. Schindler.

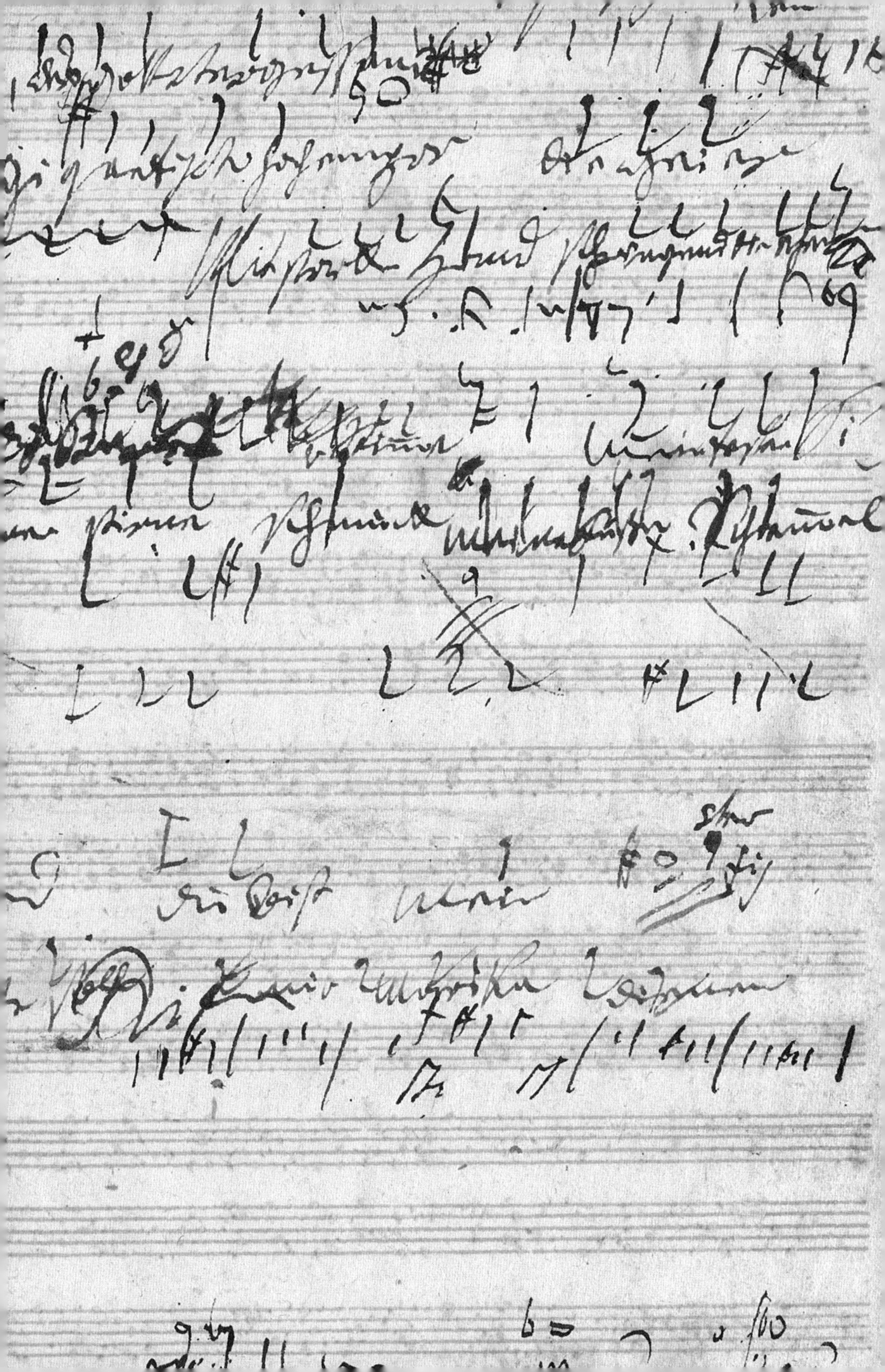

目 录
C o n t e n t s

1770年12月12日，路德维希·范·贝多芬出生于波恩一个著名的音乐世家。很小的时候，他就表现出对音乐的强烈兴趣。7岁时，他开了第一场音乐会；11岁时，他第一次作曲。这些经历使他受到了当时最有声誉的家族的支持。

1792年，约瑟夫·海顿停留在维也纳的宫廷，沙龙争相邀请年轻的贝多芬。不过，他的耳聋问题很快显现出来，对此，他不知所措，甚至有过自杀的念头，并在海利根施塔特写下了流传至今的著名遗嘱。在与朱莉埃塔·吉契阿迪坠入爱河后，他创作了《月光奏鸣曲》。

第一章
崭露头角

18 世纪时，波恩市已经拥有一万多居民。这是一座具有法式浪漫风格的、美丽的园林之城，设计精巧的花园随处可见。这座城市由弗朗索瓦·德·居维利埃和巴尔塔萨尔·诺伊曼操刀设计，静静地仁立于莱茵河畔。波恩是贝多芬的摇篮：他将永远铭记波恩的古典线条和整齐规划。

———————

"不管贫穷或富有，平凡还是显贵，大自然总会平等地给予每一个人独特的心灵品质，并不格外偏袒贵族和富人，甚至普通人对自然的感知力似乎更加敏锐。……拥有一颗敏感的心是多么宝贵呀！"

——莱辛，1751 年

上页图是波恩城内的皇家宫邸（18 世纪末）的风景画；上图是贝多芬的肖像画，此时他大约 30 岁。

1268 年，科隆市民反抗罗马帝国的统治，逼迫选帝侯①和大主教在 3 天内离开科隆。他们不得不将首府和宫廷搬到附近的波恩小城。于是，波恩成为科隆选帝侯国的首府，一直持续到 18 世纪法国大革命爆发之时。作为罗马帝国王室居住之地，波恩城内很快挤满了朝臣、官员、奴仆和来自各地的小商小贩。

波恩"宫廷"

罗马宫廷的迁入深深影响了波恩的艺术与文化。歌剧是用来招待贵宾，或是欢庆狂欢节会的；清唱剧专为复活节前 40 多天的大斋期演奏；康塔塔②则能在所有场合中演出。音乐不仅在宫廷音乐会里大放异彩，而且点缀了平常百姓的生活。那些享有声

① 神圣罗马帝国中参与选举德意志国王（经教皇加冕后成为皇帝）的诸侯。——本书注释均为译者注

② 一种大型声乐套曲，以世俗或《圣经》故事为题材，偏重抒情，与中国的大合唱相近。

贝多芬的祖父最初是比利时的歌手，辗转于鲁汶和列日之间，后来在波恩（跨页图，莱茵河旁边的小城）迎来了辉煌的职业生涯：他首次作为乐队指挥，指挥演奏别人的作品。这位富有传奇色彩的人物的肖像画（左图）将永远挂在贝多芬的书桌上方。上图是贝多芬的父亲。

望的艺术家纷纷来到波恩，希望定居在这座小城，因为波恩是罗马帝国最大的选帝侯国的首府，且波恩大主教拥有很大的权力，其管辖的范围远至德国北部的明登、奥斯纳布吕克，即今天荷兰的乌得勒支和比利时的列日。贝多芬的祖父路德维希·范·贝多芬（1712—1773）就是在1732年来到波恩的。

来到波恩后，他先是以歌手的身份加入宫廷乐队的合唱队，进行了为期一年的免费试演。不过，一年之后，路德维希·范·贝多芬获得了他梦寐以求的工作。他被聘为正式的宫廷歌手，薪水是400弗罗林。

在18世纪，子承父业是十分普遍的。因此，路德维希·范·贝多芬自然准备让儿子约翰（1740—1792）走上音乐之路：约翰的小提琴

比起祖父生活的年代，小贝多芬父母的生存条件更为严峻。他们忙于为生计奔波，给小贝多芬的心中留下了为生存持续奋斗的精神，而不是道德和社会准则。

演奏和歌唱技巧出神入化，还会熟练弹奏大键琴，这将为他以后担任唱诗班指挥（宫廷或教堂的乐队指挥）提供必备的条件。而路德维希本人从 1761 年起就担任这一职务。1758 年，约翰被聘为教堂唱诗班的一员，薪水只有 100 弗罗林；当时选帝侯的财政状况陷入困境，约翰无法像父亲 30 年前那样，拿到那么高的薪俸。约翰空闲时间就去城里有钱人家教授歌唱课和小提琴课，以维持生计。1767 年，他娶了玛丽亚·马格达莱娜·凯维利希（1746—1787）为妻——她来自德国西部的特里尔，是一个年轻的寡妇。

1770 年 12 月 17 日，小贝多芬在波恩圣雷米教堂受洗

毫无疑问，小贝多芬是在受洗前一天或是当天出生的，但具体是哪一天现在已无法查证。他以祖父的名字命名，祖父也是他的教父。小贝多芬刚学会走路，路德维希就喜欢牵着小孙子到街上和宫廷的花园里散步。也许那时，他就想象过小贝多芬会在宫廷唱诗班中占有一席之地。然而，路德维希还没来得及见证小贝多芬的音乐天赋，就在小贝多芬 3 岁时过世了。在妈妈玛丽亚·马格达莱娜伤感的讲述中，老路德维希成了一位神话般的人物，一种永远消失的幸福的象征。

那时，宫廷乐队经费紧张，乐手也随之减少。大主教礼拜堂只有十二张琴弓，两个巴松管，一位管风琴师和九名歌手，还有一群守卫。约翰·范·贝多芬被迫把指挥权交给安德烈·卢切西。他是一位勇敢果断、能力极强的意大利艺术家，既会谱曲，又会指导歌剧，这对人手不足的宫廷唱诗班来说，是一个相当大的优势。

5 岁时，贝多芬就表现出对音乐的强烈兴趣。约翰了解到 10 多年来，利奥波德·莫扎特和他的儿子巡回演出，大获成功。他对贝多芬寄予厚望，用同样的方式训练儿子，希望有朝一日也能与他们一样，收获功名利禄。然而贝多芬似乎十分抗拒父亲强加给他的训练，尽管约翰强烈要

上图：贝多芬出生的这间房子里常有音乐传出，但这乐声不是一般人想象的那样，来自天使和儿童唱诗班，而是父亲每天练习小提琴的声音、父亲的学生拉小提琴的声音，有时学生的音拉得并不准……幸好，还有一帮音乐家朋友也会来参加室内音乐会。

求贝多芬按照固定的方法练习乐器，禁止即兴表演，但贝多芬不管不顾，总是一个人自己随意地弹奏乐器。

贝多芬 7 岁时进入普通小学就读，不久后转入教会小学，为他进入公立学校做准备。但是他在音乐上的表现远比学业出色。1778 年 4 月 26日，父亲为他在科隆举办了一场音乐会，同台演出的还有父亲的一个学生——一位年轻的歌手。

下图是贝多芬的受洗证书。跨页的黑白图画描绘了
他出生在波恩家中的场景。

首演后，音乐教育再强化

贝多芬的第一场音乐会大获成功后，亲王才知道他的宫廷里还有一位很有前途的小乐童。他决定为贝多芬延请名师，以更好地发挥他的音乐才能。宫廷管风琴手海因里希·范·伊登负责大键琴的教学，由托拜厄斯·弗里德里希·菲弗协助；贝多芬母亲的亲戚弗朗茨·格奥尔格·罗万蒂尼负责小提琴的教学。有一次，贝多芬偶然在教堂里听到了管风琴声，他在讲台下听得如痴如醉，俨然已被这一美妙乐声征服。

不久后，人们就在圣雷米教堂6点钟的弥撒仪式上，看到他在圣殿上演奏管风琴。贝多芬在波恩小城的生活一天天地过去，似乎并没有很大的改变，唯一能让他感到新奇的是，巡回剧团每年会在城里待上两到三个节庆季。

1781年，巡回剧团的海报上写着即将上演的歌剧：《费尔特海姆爵爷》。其主题与莫扎特的《后宫诱逃》相同，具有明显的异国情调，歌剧的曲目由克里斯蒂安·戈特洛布·尼夫创作。演出大获成功，不过在此之前他就已经家喻户晓。

在这个节庆季上，宫廷也开始关注尼夫。恰好那年小贝多芬的老师——管风琴手海因里

年轻的贝多芬自从初次领略到教堂管风琴声的魅力，简直迷恋上了它。然而除了唯一的一首《D大调赋格曲》(1783)，他并没有专门为管风琴创作新曲。不过，他后来的许多作品中普遍流露出宗教的神秘气息。

Melchior Seltzam del.p.

希·范·伊登离世，尼夫就顶替了他的职位，成为培养小贝多芬的主要负责人。

对于贝多芬来说，他终于摆脱了刻板的学院派教学。因为尼夫深受启蒙精神的影响，他思维敏捷，兴趣广泛：从文学到政治，从音乐到共济会，他都略知一二。他甚至还是在波恩创建"巴伐利亚光明社"的主要推动者之一。在老师的影响下，贝多芬很早就接触到人文主义的思维方式，这影响了他后来的音乐创作。

"贝多芬在弹钢琴时，灵巧自如且倾尽全力。而且，贝多芬十分擅长即兴演奏，就算是我们称之为艺术演奏难度之王的约翰·塞巴斯蒂安·巴赫的《平均律钢琴曲集》，他看谱后也能当场演奏。"克里斯蒂安·戈特洛布·尼夫（左图）这样评价道。在1782年后的几年内，他一直教授贝多芬音乐。

尼夫的教学方式与20年前莫扎特的父亲训练儿子的方法相似：他先是让贝多芬聆听全世界最好的作曲家的音乐，来提高贝多芬的音乐品位。尼夫从维也纳学派中精心挑选了上乘的音乐——约瑟夫·海顿的作品。这点与莫扎特的父亲如出一辙。或许同是北德人，他也选择了约翰·塞巴斯蒂安·巴赫及其子卡尔·菲利普·伊曼纽尔·巴赫的音乐作品。后来，为了提升贝多芬学习的积极性，尼夫也时常与他比赛演奏约翰·塞巴斯蒂安·巴赫的《平均律钢琴曲集》。

不久，尼夫引荐贝多芬加入宫廷乐队。1782年，年轻的贝多芬加入宫廷乐队，担任大键琴手。在18世纪，这是乐队中一个很重要的职位，因为大键琴手是乐队的核心和灵魂。后来，他不仅在管弦乐队中担任歌剧指挥，还为所有曲目的音乐伴奏。在宫廷乐团演奏大键琴的经历，不仅丰富了小音乐家上台演奏的宝贵经验，还加深了他对和声的认识。

众所周知，贝多芬以钢琴家的身份成名。但那时，他主要学习的还是管风琴和大键琴。尽管这两种乐器无法演奏出响度上的细微差别，不过它们各有特点的音色，让贝多芬学会分辨更微妙的音色差异。

第一部作品

小贝多芬的进步如此之快，他甚至开始创作钢琴曲。1782年底，贝多芬创作了九首《德雷斯勒钢琴变奏进行曲》。1783年10月，他通过斯派尔的大出版商博斯勒出版了三首献给亲王的《钢琴奏鸣曲》。在这三首曲目中，贝多芬日后作品的主题已经初见端倪。

按照 18 世纪的观点，一个人只要能出版一本包含 3~6 首奏鸣曲的曲集，就是一位非常成熟的作曲家了。左图是 1783 年出版的含有 3 首钢琴奏鸣曲曲集的扉页，从上面可以看出这本曲集是献给马克西米利安·弗里德里希亲王的。

　　最初的这些略有创意的作品，主要还是在回旋曲和变奏曲的题材局限内。从中可以看出，贝多芬深受当时音乐大师的影响。这位年轻的作曲家在过去的几年里专门研究这些大师，如巴赫、海顿、在巴黎大受欢迎的施特克尔神父，当然还有恩师尼夫，并沉浸于他们的乐曲中。

　　贝多芬成为作曲家之时，启蒙运动的思潮亦蓬勃发展，有如一束光，照亮了波恩政治人士和知识分子的思想。贝多芬的献曲对象马克西米利安·弗里德里希亲王，即当任的选帝侯，于 1784 年 4 月 15 日去世，他的继任者是奥地利大公马克西米利安 – 弗朗索瓦·德·哈布斯堡。这位大公是罗马帝国约瑟夫二世皇帝最小的弟弟。他对音乐情有独钟，曾经在维也纳结识了莫扎特，甚至有传闻说，

在 18 世纪下半叶，第一种形式的钢琴几乎完全取代了大键琴。钢琴的特点是能表现出强弱的差别——从几乎听不到的弱音到充满力量的强音，从贝多芬特有的风格中可以感受到这种细微差别。

在贝多芬生活的年代，音乐演出不是在公开场合，音乐家们更多是在私人沙龙里进行演奏。他们放声歌唱，演奏奏鸣曲——用的是长笛或者是小提琴。当音乐家聚集在一起时，他们会一起合演四重奏。在室内演出的形式中，约瑟夫·海顿（上图）达到了登峰造极的水平，这让他在当时获得了"音乐鉴赏大师"的称号。后来，莫扎特和贝多芬也创作了许多室内乐作品，尤其是四重奏。

左图是表演室内乐的场景。

他许之以名利，想让莫扎特来到波恩。

马克西米利安决定追随哥哥教育改革的步伐，把前任亲王统治时期创建的专科学院扩建为大学。贝多芬也在 1789 年去那里旁听康德的哲学课。启蒙运动的支持者认为，现在正是传播启蒙思想，由半地下社团转为公开活动的好机会。尼大解散了"巴伐利业光明社"，建立了一个向更广泛听众开放的阅读会，旨在通过现代文学作品，传播启蒙运动观念。贝多芬的大多数朋友或多或少地参加过阅读会。

贝多芬的第一笔宫廷薪俸

就像在维也纳的哥哥约瑟夫二世一样，马克西米利安也直接管理宫廷的文化生活。1784 年 6 月，他解散了原来的戏剧协会，并命令宫廷乐队提交工作报告，详尽说明每位乐手的表现。在那份报告中，约翰·范·贝多芬被写成是一个资质平庸、演唱水平每况愈下、勉强合格的乐手；他的儿子贝多芬在卢切西长期缺席期间，顶替他演奏管风琴，是一位公认的演奏技艺高超的乐手。报告中还提及了贝多芬声誉极佳，但还未领到薪水的事实。于是选帝侯决定从约翰的薪水中减少 15 弗罗林，并每年发放 150 弗罗林给贝多芬作为他的工资。至此，贝多芬成了选帝侯第二位正式的管风琴手。

贝多芬的音乐事业蒸蒸日上，而他的父亲却渐渐染上了酗酒的恶习，学生也接连不来上课了。家里的生活开始变得压抑，这使贝多芬感到异常痛苦。贝多芬为了逃离家庭的束缚，就去朋友家里留宿，他尤其喜欢住在韦格勒和布鲁宁家，后来这两人成为贝多芬的好朋友，他们之间的友谊一直持续到贝多芬生命的尽头。

马克西米利安·弗朗索瓦想要提高宫廷乐队的音乐水平，决定送贝多芬前去维也纳，跟随莫扎特学习。正如 6 年前莫扎特来到维也纳所写的那样，它是"世界上最棒的地方"，是所有年轻音乐家心向往之

1784 年，马克西米利安 - 弗朗索瓦·德·哈布斯堡（肖像图，上）
成为选帝侯。他支持年仅 14 岁的贝多芬的早期职业生涯，给予他
第一个正式职位——宫廷第二管风琴手。

的地方。那里有世界上最优秀的音乐家、最盛大的音乐会、最绚丽的
剧院。

　　1787 年 4 月，贝多芬抵达帝国首都维也纳。但天有不测风云，在维
也纳不到两个星期，波恩就传来了母亲病重的消息。他匆忙返家，在母
亲临终前见到了她的最后一面。7 月 17 日，贝多芬的母亲玛丽亚·马格
达莱娜离开了人世。

右图为《莫扎特和年轻贝多芬》。年轻的作曲家正在弹奏钢琴，站在他身后的是莫扎特，他命令客人们安静下来，听这位年轻人弹琴。"这个年轻人会名扬天下！"据说莫扎特这样评价过这位年轻的作曲家。

在母亲离世的几个月后，他重整行装，再次踏上了去往维也纳学艺之路。不过这次，年轻的斐迪南德·冯·沃尔德斯坦伯爵与他同行。这位年轻伯爵参加过条顿骑士团，酷爱音乐，业余时间会自己作曲，在维也纳也与莫扎特相处甚欢。在莱茵河畔，他听到了贝多芬的

早期，贝多芬以即兴演奏家的身份闻名。

贝多芬和他的钢琴学生埃利奥诺尔·冯·布鲁宁（其小名为洛琴，即下图中的持花女子），曾经有过一段恋情。女孩在给他的一封信中写道："哦，祝愿你和我永远幸福，这是我唯一所愿。"但是，布鲁宁最终嫁给了他们共同的好友韦格勒。贝多芬在1826年向韦格勒坦白说："我一直保存着布鲁宁的剪影，我告诉你是为了让你知道，我对年轻时候的爱情和幸福是多么珍视。"

即兴演奏，对他的音乐天赋大加赞赏。沃尔德斯坦伯爵把这位新朋友带到维也纳，想给他铺平一条音乐之路。与此同时，约翰·范·贝多芬完全堕落，家中已经到了山穷水尽的地步。贝多芬意识到自己已经成为这个家庭的主心骨，决定承担养家糊口的职责。1789 年 11 月，选帝侯下令，贝多芬可以担任一家之主，直接领取父亲一半的工资。

效仿维也纳的波恩城

在 1789 年和 1790 年的节庆季期间，歌剧舞台上演了当时欧洲最流行的作曲家的歌剧，如格雷特里、萨列里和本达的歌剧；也演奏了莫扎特最伟大的杰作：《后宫诱逃》《费加罗的婚礼》和《唐璜》。

1790 年 2 月，约瑟夫二世驾崩，戏剧季不得不停止演出。为了哀悼皇帝约瑟夫二世，尼夫的阅读会委托贝多芬创作一首清唱剧。后来贝多芬又为利奥波德二世的登基创作了另一首清唱剧，但这两首都没有机会演出。

1792 年，当约瑟夫·海顿初次游览伦敦归来，在波恩稍做逗留时，恰好看到了贝多芬于 1790 年创作的清唱剧（一首或者两首）。海顿觉得这个年轻人不该在此埋没，向马克西米利安提议将贝多芬收为徒弟。亲王接受了这位老相识的建议，并在 1792 年 11 月初让贝多芬重游维也纳。

启程前，沃尔德斯坦伯爵为贝多芬写了一些推荐信，拜托那里的朋友和亲戚对他多加照拂。罗马帝国的首都仍是一片乐声鼎盛之地，莫扎特在此去世还未满一年。剧院之间的竞争也同样激烈，有时，甚至有四五个管弦乐队竞争同一份工作。钢琴乐声充斥在城市的大街小巷。不管是有权势的贵族，还是富足的中产阶级，都乐于发展自己的室内乐团。每年，音乐家协会都会为寡妇和孤儿举办一场盛大的音乐会，为他们筹募善款，全城接近 200 名专业音乐家踊跃加入。音乐、戏剧和歌剧，几乎让维也纳人忘记了对法国的战争已奏响序曲。

"伟大的独立自主者"——约瑟夫·海顿（右图）这样称呼他的学生贝多芬，认为他是一个自我要求苛刻、有自己独到见解的弟子。做老师的也不知道，自己要教的学生竟然是一个很有主见、能激励自己实现既定目标的音乐家。

维也纳像是专为剧场而生，新任选帝侯希望波恩也是如此。左图是利奥波德施塔特剧院内部。波恩的剧场只上演那些当时有口皆碑、广为流传的作品，因此，作品质量自是好得没话说。

第二章
孤独之旅

1793 年，贝多芬客居卡尔·利奇诺夫斯基亲王府中，他是沃尔德斯坦伯爵的远亲，也是已故的莫扎特的密友。亲王经常在家中举办室内音乐会，参加演出的有 3 位杰出的音乐家，他们是小提琴家伊格纳兹·舒潘齐、中提琴家弗朗茨·维斯和大提琴家尼古拉斯·克拉夫特。贝多芬旅居维也纳时所创作的作品，主要就是室内乐。

———

"竭尽所能做善事，热爱自由超过一切。就算给你宝座，也绝不背弃真理！"

——贝多芬，1792 年

从年轻时起，贝多芬就开始为大提琴谱曲（上图为乐器演奏家），后来这项工作贯穿了他整个职业生涯。

利奇诺夫斯基亲王（上图）为贝多芬
提供食宿，还拨给他一位仆从，并为
他准备了演奏四重奏的弦乐器。

抵达维也纳后，贝多芬开始正式跟随海顿上课。但是他发现这位老教师的作品缺乏严谨性，这让贝多芬难以忍受。于是，他便悄悄地拜师约翰·申克，学习其他课程，后来他还向管风琴家阿尔布雷希茨贝格请教，萨列里更是免费教授他意大利的声乐和谱曲知识。

得知贝多芬又转投申克门下，海顿大为恼火，感觉受到了冒犯，便大肆批判贝多芬的新作。贝多芬不以为意，他认为海顿之所以如此评论，纯粹是嫉妒的表现。海顿又把贝多芬之前在波恩的旧作当作他在维也纳的新学习成果，呈送给马克西米利安·弗朗索瓦。亲王认出了这些旧曲谱，气愤至极。1794 年 3 月，选帝侯停止资助这位学生。经此一事，海顿与贝多芬的矛盾再次升级。

不过贝多芬并没有因此陷入窘迫的境地。好像12年前人们对莫扎特的追捧一样，维也纳的沙龙争相邀请贝多芬，奉他为上宾。另外，贝多芬还要给许多学生上钢琴课。但想要在维也纳站稳脚跟，靠这些还远远不够。

安东尼奥·萨列里（下图）在维也纳度过了整个职业生涯，他的学生有贝多芬、舒伯特和李斯特。

公共演出

1795年，贝多芬以作曲家和音乐家的双重身份，在维也纳公众前亮相。3月29日，音乐家协会举办了一场盛大的音乐会，贝多芬作为新人首次参加。他在台上演奏了自己的作品——一首钢琴协奏曲，这可能是《降B大调第二钢琴协奏曲》的最初版本。

不久后，他与维也纳最大的音乐出版商阿塔里亚签约，发行了《钢琴三重奏》和《小提琴与大提琴》（作品1），这两部作品是在他为亲王演奏室内乐时逐渐成形的。消息一经传出，音乐爱好者们蜂拥而至，纷纷订购《钢琴三重奏》。因此，贝多芬那段时间总是在私人沙龙弹奏钢琴，但状态欠佳时，

上图是未完成的大提琴曲谱部分，在这张草稿的底部出现了双簧管的线条，可能为 G
大调的同一首作品。笔迹和纸张表明，这份草稿可能是贝多芬在波恩的最后几年，即
1790 年至 1792 年写下的。这是对协奏曲的回忆，还是演唱部分的伴奏？所有已知的
贝多芬的作品中，都没有使用过这个小节。

他说什么也不肯坐在钢琴前表演，就算别人三番五次地恳求也无济于事。在他给朋友尼古拉斯·兹梅斯卡尔男爵的信中，他写道："与权贵交往的感觉不坏，但是有时你得知道逼迫他们接受的办法。"话虽这么说，他还是为沙龙写了不少适合小型管弦乐队演奏的舞曲。

那个时期，所有的音乐作品都离不开钢琴，甚至大部分的曲目是专门为钢琴创作的。贝多芬当时的音乐观念也以钢琴为中心。而大众期待的，正是他出神入化的钢琴演奏技巧和精心打磨的钢琴曲。为了符合大众的期望，他创作了《降 E 调五重奏》（作品 16），在这首由 4 件管乐器代替管弦乐队的协奏曲中，贯穿始终并引领全曲的依然是钢琴。

不过，呈献给利奇诺夫斯基亲王的《弦乐三重奏》中，贝多芬第一次没有使用钢琴演奏。他先是将不久前在波恩的旧作改写为《降 E 调弦乐三重奏》（作品 3），然后又创作了《D 调小夜曲》（作品 18，1796）和《弦乐三重奏三首》（作品 9，1797）。最后的那部三重奏广为人知，颇有后期谱写的四重奏中的优美抒情意味。

这位来自波恩的年轻大键琴乐手，在维也纳已是一位阅历丰富、才华横溢的音乐家。当地的很多贵族看好他并对其倾囊相助，这是贝多芬一生中最幸福的时期。在维也纳功成名就之际，他欲乘胜追击，建立更大的音乐"帝国"，增强自己的影响力。贝多芬在英国布拉格和德国柏林之间巡回演出，尽管人们害怕他演出时的狂热与独创性，以及极具个人特色的奇怪想法，但他们还是热烈欢迎贝多芬的到来。

无可辩驳的是，他并没有只满足于钻研精湛的演奏技巧。他厌恶那些形式华丽壮大而内容空洞刻板的表演。自意大利钢琴家克莱门蒂开始，这种无意义的浮夸、壮丽的演奏技巧逐渐兴起。他对同时代的科里内克和沃尔夫尔那与克莱门蒂相似的表演风格嗤之以鼻。现在是那些表演家风头正盛之时，但贝多芬两耳不闻窗外事，一心一意创作灵感迸发时的乐曲。

下图是《第一协奏曲》
（作品 15，1798—1799）
曲谱的手写稿。

从来维也纳的早年起，贝多芬就以钢琴家的身份而闻名。他的追捧者和钢琴制造家纷纷赠予他钢琴。他尤为珍视的是大师格拉夫为他制作的钢琴。下图便是康拉德·格拉夫钢琴，是格拉夫专门为贝多芬设计的，它有四根细绳，声音浑厚而充满力量，让贝多芬能够尽情施展天赋。在贝多芬去世前不久，他还收到了一架布洛德伍德钢琴（上页图），它是由19世纪20年代的三位伦敦知名音乐家——费迪南德·里斯、约翰·克拉默和乔治·斯玛特——赠送的。乔治·斯玛特指挥了贝多芬的《第九交响曲》在英国的首次演出。

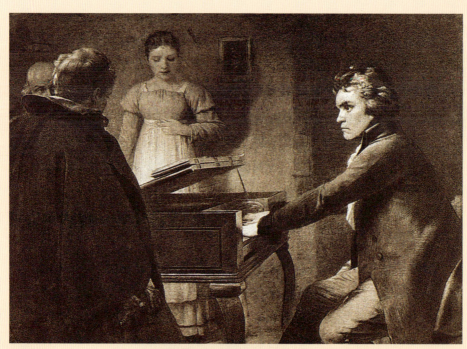

贝多芬的生平事迹见诸现存的文学作品和回忆录，不过文字的表述有时并不形象。直到第一次世界大战期间，许多年轻艺术家被贝多芬传奇的经历吸引，热衷于创作贝多芬的肖像画。（一般来说，雕刻家的塑造往往与传统相悖。）约瑟夫·卡尔·施蒂勒为贝多芬画了那幅最著名的肖像画（1819，见第26页）后，费迪南德·乔治·瓦尔特米勒在肖像画（1823，见第107页）中赋予作曲家不讨人喜欢的外貌，给人一种执拗刻板的印象。上页的下图描绘了一位痛苦但倔强的天才，他猛敲键盘，听众们陶醉其中，为之倾倒。贝多芬也会被画在权贵家中，例如左图展现的就是他在普鲁士路易-费迪南德亲王的沙龙中表演的情景。上页上图的场景同样十分华丽，带着一丝淡淡的伤感，恰似聆听他的《月光奏鸣曲》时的感受。

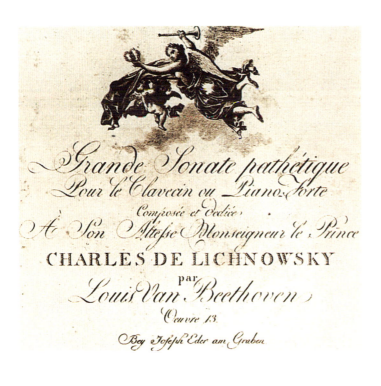

作曲家，一直都是作曲家……

与 18 世纪 80 年代的莫扎特一样，贝多芬以作曲家的身份自称。一切的一切，甚至他在舞台上的态度，都表明了这一点。他只演奏自己的作品，或者即兴创作的曲目。

当然，这期间他并没有停止赚取生活费，一直为维也纳的贵族和富人的孩子上钢琴课，但是他整个生活的重心已放在专心创作音乐作品上了。清晨时，他早早起床开始谱写曲目，一直写到大约下午 1 点钟。在 18 世纪末的最后 6 个年头，他创作了一系列的曲目，包括十二首钢琴独奏奏鸣曲，有现今知名的那首《悲怆奏鸣曲》（作品13），献给洛布科维茨亲王的《弦乐四重奏六首》（作品18），一组三重奏和二重奏鸣曲，一首将他的音乐成就推到新高峰的《管乐七重奏》（作品20），两首钢琴与乐队协奏曲，以及一首交响乐。

所有的作品都留下了贝多芬的专属印记。他的思想汪洋恣肆，冲突激烈，充满动感，这不断扩大他的作品框架：他需要一些空间，抒发难以言喻的痛苦感觉。他似乎也想抓住每一个机会，做一些与众不同、超出预期的事情。他的创作不是直奔本题，而是试图抓住那些曲折反复和突发奇想的部分。这样做的后果可能是作品缺乏协调性，但贝多芬善于驾驭反差，使作品不落窠臼。不过，海顿对他的印象并不好，他认为这位以前的学生总是即兴创作，或写点幻想出来的东西，因此也不再过问贝多芬的事了。

贝多芬弹琴时充满力量的动作让许多听众着迷。让·瓦茨拉夫·托马舍克在贝多芬的自传（1845）中写道："怪异和独创性好像是他创作的最主要目标。"贝多芬即兴的钢琴演奏也深深打动听众。

贝多芬改变音乐基础

从前，音乐中的"时间"概念占主导，即节拍和旋律是统一的。而莫扎特的音乐扩充了这一看法，他从"时间"概念的束缚中解脱出来，将"时间"和"空间"联系起来，也就是说，他将人声和乐声提升到一个前所未有的新高度："时

1792 年，当贝多芬正在去往维也纳的路上时，沃尔德斯坦伯爵在给这位年轻的音乐家的信中写道："祝愿您努力工作，同时拥有莫扎特的精神和海顿的双手。"下图是伯爵写的推荐信。

间"和"空间"成对出现，构成运动，丰富了莫扎特作品的内涵。

莫扎特去世后，法国大革命时期的作曲家——以演奏《忧郁进行曲》（1792）的戈塞克为代表——放弃了主题发展的原则。他们主张每个小节各有独立的动机，互相之间没有直接的联系。因此这些独立的小节得以从时间和动机概念中解脱出来，变成"表现性元素"。

贝多芬延续了这种观念，但是他并未完全照搬改革派作曲家的原则——他们认为只要将互相形成对比的表现性元素放在一起，就足以创作新型乐曲。贝多芬乐于改变并修饰表现性元素，逐一强调其特征，目的是让它们在各异的背景中出现，产生冲突感，直到达到主题展开的效果。与音乐旋律不同，表现性元素不受外力束缚，它纯粹而绝对，就像康德的"绝对命令"。《悲怆奏鸣曲》的开头部分就是表现性元素，整部作品的展开既不是叙述一个故事，也不是展现旋律，它只是在单纯地表现自己。这种代表心路历程的表现性元素听起来是如此孤独而悲壮，因为它在展现互相冲突的思想时施加了力量。这种元素，是人类与命运抗争的象征。

当命运来敲门

贝多芬发现自己的听力开始逐渐衰退，第一次感觉到听力障碍是在 1794 年。几年后，在 18 世纪快要结束的时候，他已经严重丧失了听力，以至于开始逃离社会。在他看来，一个音乐家居然是一个聋人，这是一件无法想象的事情。

1801 年，他丧失了听力。不管是乐声还是人们的说话声，他已经完全听不见了。耳朵从早到晚都发出嗡嗡声，他只能站在台上直直地盯着曲谱。然而，他声称，他的耳聋并不会妨碍自己的创作和演奏，他甚至还计划进行巡回演出。

由于他尽量避免与人交谈，而且他根本听不见离得远的人对他说话，一些人认为他粗鲁且厌世。丧失听力和离群索居，使他变得日渐消沉，1802 年 10 月 6 日至 10 日，他居住在海利根施塔特村时，自杀的想法在他脑海中挥之不去，他给两个弟弟留了遗言，这就是有名的《海利根施塔特遗嘱》。

起初由于依然想努力工作，他拒绝承认耳聋的事实。最终他决定将这个秘密告诉朋友。1801 年，他在给朋友的一封信中写道："我要勇敢地同命运抗争。"这一时期他的作品阴暗忧郁，笼罩着对死亡和自杀的恐惧。《降 A 大调奏鸣曲》（作品 26，1801）的结尾部分是葬礼进行曲，贝多芬曾明确表示，他想要表达"对英雄之死的哀悼"——这位英雄可能不是别人，正是他自己。好在此时他的订单比想象的还要多，因此可以用工作来缓解内心的苦楚。出版商们争相购买他的音乐首发权，毫不犹豫地以贝多芬的报价买下这些作品。

为了支持贝多芬全力进行音乐创作，从 1800 年开始，利奇诺夫斯基亲王每年给他 600 弗罗林的资助。在 19 世纪的前三年，他就陆续创作了《第二交响曲》《第三钢琴协奏曲》、六首钢琴小

贝多芬与三位管弦乐大师（左上图）：左侧是约翰·塞巴斯蒂安·巴赫，右侧是莫扎特，顶部是海顿。上图是贝多芬正在作曲的场景，它是根据赫尔曼·容克的画作进行雕刻的（1869）。

提琴协奏曲（作品23、24、30、47）、七首钢琴奏鸣曲（作品26、27、28、31）、一部芭蕾舞剧《普罗米修斯的生民》和一部清唱剧《基督在橄榄山》。这些作品不仅创作范围大大扩展，而且深度上也有明显的发展。

生命中的苦难并没有击败贝多芬，反而让他的艺术创作更上一层楼。经过耳聋的挫折，他变得更加坚强。

因为你的贝多芬生活得很悲惨，要与自然和造物主做斗争；我常常咒骂后者，因为他轻易便放弃了他的创造物，让最美丽的花朵凋零、化泥。要知道，我最重要的部分——我的听力，已经大大减弱了。当你还在我身边的时候，我已经感觉到了症状，但我选择了隐瞒；从那以后，情况总是更糟。如果它能被治愈呢？我们必须等待。它可能和我的肠道状况有一定联系。如今我的肠道几乎完全康复了，那么耳朵会痊愈吗？当然，我希望如此，但心里还是很慌，因为这种疾病是最无法治愈的。我现在的生活是多么悲伤啊！……

致阿曼达
1801年6月

海利根施塔特位于德国东部，是卢梭笔下那种宁静的乡村，贝多芬因为它的安详和宁静而终生钟情此地。起初，他来这里工作。《第二交响曲》就是在农舍的桌子上写就的，他还为特地从维也纳赶来的学生里斯上课。跨页图展现了一幅贫困乡村的浪漫景象：贝多芬正提着水桶走下楼梯。从画面上看，海利根施塔特的农场没有那么落后！

上页图是《图恩伯爵夫人肖像》，图恩伯爵夫人是贝多芬的知心好友，也是他的仰慕者。

贝多芬的朋友们说，爱情从不会永驻在他的心间。也许他会一直寻找灵魂伴侣，但结婚是不可能的。贝多芬去世以后，人们在他的曲谱中发现了上图这幅象牙肖像。画上的年轻姑娘是谁呢？是朱莉埃塔·吉契阿迪，还是布隆斯维克姐妹中最小的那位夏洛特小姐？

爱情啊，你吞没了我!

　　1789 年 5 月，兹梅斯卡尔男爵把贝多芬引荐给布隆斯维克伯爵一家，因为伯爵想要一位优秀的钢琴教师给年轻的女儿们授课。在教学时，学生们温柔的目光、慵懒的叹息、偶尔的几句话，让这位钢琴老师陷入了爱情之网。

"你卖弄手段，自私自利，永生不会得到幸福。天主啊，给我挣脱束缚的勇气，这样我才能同 A 彻底了断。"
——贝多芬，1812 年

关于谁是贝多芬心中"不朽的挚爱"，人们猜测可能是朱莉埃塔·吉契阿迪，要不就是布隆斯维克姐妹中的某一位（左下图为特蕾莎），或者是柏林的女歌手阿玛莉·泽芭尔德（上页图），也有可能是安东尼娅、贝蒂娜·布伦塔诺中的某一位。然而，可以肯定的是，她们中的每一位，都曾在贝多芬的生命中点燃过炽热的爱情之火。①

① 左上图为安娜·范·韦斯特霍尔特的肖像。

最为年长的学生特蕾莎，芳龄 24 岁，她天资聪颖，富有涵养，可是外貌并不出众。妹妹约瑟芬比姐姐小 4 岁，个性更为活泼。可是 1799 年 6 月，父母不顾约瑟芬的反对，将她嫁给了年老的戴姆伯爵。后来贝多芬不管戴姆伯爵是否在场，每日都去探访妹妹。

　　不过，让贝多芬心动的还是天生丽质的朱莉埃塔·吉契阿迪。"她爱我，我也爱她，"他在 1801 年 9 月给朋友的信中写道，"这两年间，我又不时地体验到幸福的滋味，我第一次感觉婚姻可以给人带来快乐。但是现在还不是时候，我还不能与她结婚。"

面对他第一本传记的作家辛德勒，贝多芬曾经这样说过："朱莉埃塔·吉契阿迪很爱我，对我的爱甚至超过了对她丈夫的爱。"而朱莉埃塔竟与他分手嫁给他人，这让贝多芬深受打击。婚后不久，朱莉埃塔旅居维也纳期间曾找过贝多芬。"但此时我对她的感情消磨殆尽，"贝多芬说道，"如果我将精力用在情爱之事上，那我将什么奉献给崇高的事业呢？"

贝多芬献给她一首《幻想曲式奏鸣曲》（作品 27 第 2 首，即《月光奏鸣曲》）表达自己的心意，然而他们终未成眷属，朱莉埃塔接受了加伦贝格伯爵的求婚，并于 1803 年 11 月举办了婚礼。婚后，这对新婚夫妇前往意大利的那不勒斯。在那里，加伦贝格伯爵将成为皇家芭蕾舞团的新总监。

婚后不到 3 个月，戴姆伯爵去世了，留下了怀有身孕的约蒂芬和三个孩子，贝多芬对她更为关怀。这位年轻的寡妇被母亲的职责束缚，但贝多芬依然不离不弃。1805 年初，她在给贝多芬的回信中写道："在我的内心深处，涌动着对您无法抑制的感情。素未谋面时，您的音乐就让我倾心于您，您的良好修养和对我的眷爱，更使我对您好感倍增，如果您的爱不掺杂情欲，那您的偏爱、您给予我的温情，将会变成我生命中最珍贵的宝石。如果我拒绝了情欲之爱，请您也不要怨恨我。如果我答应了您，我们之间那种圣洁的关系将不复存在。相信我，我必须承担职责，就此遭受的痛苦并不比您少。我必须以崇高的目标强迫自己不要迈入禁区。"

1803 年，成为优秀的作曲家

音乐出版商竞相购买贝多芬的作品。然而此时人们对贝多芬作品的追捧，仅限于室内乐和钢琴独奏，对于他的歌剧和清唱剧知之甚少。他创作的为数不多的交响乐和协奏曲并没有激起太大的水花。在管弦乐音乐会和歌剧领域，海顿和莫扎特仍然是绝对的大师。不过，贝多芬将会在这方面展露才华。

下图：这首曲子的封面是一幅 19 世纪末的寓言画。诗人路德维希·莱尔斯塔勃听到这首奏鸣曲后，说这首曲子让人联想到"月光下，一叶扁舟在清澈的湖水中随风飘荡"，因而得名《月光奏鸣曲》。这种说法颇为可疑，但历来有不少人信以为真。

下页图：贝多芬正在为朱莉埃塔·吉契阿迪演奏《幻想曲式奏鸣曲》。

第三章
大放异彩

贝多芬能在交响乐和歌剧的舞台上展现自己，伊曼纽尔·席卡内德功不可没。早在 12 年前，也就是 1791 年，伊曼纽尔·席卡内德就将莫扎特创作的最后一部歌剧搬上城郊一家剧院的舞台，吸引众多维也纳的名流权贵前来观赏。在一位富商的帮助下，他把剧院改造得富丽堂皇，以蓝色和银色为主色调。不仅如此，他还安排了椭圆形的楼座，保证每一位观众能获得更为广阔的视角，更加舒适地欣赏歌剧。

上图是 1805 年 11 月 20 日《菲德里奥》的首映公告。1808 年 3 月 27 日，77 岁的约瑟夫·海顿（上页图中间，坐在倒数第一排）最后一次出现在公众视野。安东尼奥·萨列里指挥了贝多芬的首演，大获成功。贝多芬与海顿和好了，他亲吻了前导师的手。

1805 年 4 月 7 日，维也纳剧院首演贝多芬的《第三交响曲》，1805 年 11 月 20 日首演歌剧《菲德里奥》，1806 年 12 月 23 日首演《小提琴协奏曲》，1808 年 12 月 22 日首演《第六交响曲》。

贝多芬声名鹊起，是当时的风云人物。所有的权贵和富人只听贝多芬的室内乐，这种情况一直持续了许多年。如果他的名字出现在某家不知名剧院的海报上，那些平日只在宫廷剧院看剧的观众也会追随他而去。席卡内德对贝多芬的才华深信不疑，因此他与贝多芬签约，委托他为《灶神星之火》创作歌剧曲目，剧本将由席卡内德亲自编写。

伊曼纽尔·席卡内德（上图）是一位生活多姿多彩的人物，更是一位极具天赋的演员，尤其擅长扮演哈姆雷特一角。

在交响乐和歌剧领域站稳脚跟

席卡内德举办了一场大型专场音乐会，破例专门演奏贝多芬的作品，演出日期定在 1803 年 4 月 5 日。演出的曲目包括：2 首交响乐曲，1 首全新创作的《c 小调第三钢琴协奏曲》和其他一些声乐作品。另外，他还匆忙为一部简短的清唱剧《基督在橄榄山》谱曲，这部清唱剧将让他在歌剧领域大展才华。

音乐会从当天早上 8 点开始彩排。曲目实在太冗长了——不过后来没有全部演出，两个半小时后，每个人都精疲力竭，演出的效果并不理想。利奇诺夫斯基亲王重振精神，买了一大篮面包、黄油、冷肉和啤酒。休整了一会儿后，他宣布继续排练剧目。

下午 6 点，剧院被挤得水泄不通。剧场的演出效果非常精彩，然而贝多芬本人演奏的协奏曲却让观众感到失望。虽然有位脾气暴躁的评论家

对清唱剧缺乏表现力、表演肤浅感到不满，但是观众倒是欣然接受了这部清唱剧，

在歌剧和交响乐领域大获成功

像平时一样，他同时进行几首曲目的创作：一首已经写好开头的交响曲，一首为席卡内德创作的大型歌剧，一首钢琴奏鸣曲，以及手头上的《A大调钢琴小提琴奏鸣曲》（作品47）。后者是一首用钢琴取代管弦乐队的小提琴协奏曲。

尽管有这么多作品正在创作中，但他还是感觉维也纳这方天地太局促："想想我周围的每一个人都有一份工作，我知道自己是靠什么谋生的；但是，我的上帝啊，宫廷将把我这样一个小有天赋的人安排在哪里呢？"

贝多芬想在演出歌剧结束后前往巴黎旅行。利奇诺夫斯基亲王想随他一起，这时他们的关系还是很好的。为了增进与鲁道夫·克鲁采的情感，贝多芬把一首二重奏鸣曲献给这位"巴黎首席小提琴家"，这就是作品47号被称为《克鲁采奏鸣曲》的原因。两人之间的友谊深厚，甚至在贝多芬离开维也纳时，克鲁采也不想在维也纳继续表演了。下一首交响曲，即《第三交响曲》，是贝

"克鲁采人很好，很有魅力，我有幸结识。不管是外在表现还是心灵品质，他那简单自然的演奏风格比大多数演奏名家更让我愉快。"

——贝多芬

下图为鲁道夫·克鲁采的肖像画。

多芬对拿破仑的敬献。像他的许多朋友一样，贝多芬认为拿破仑是唯一能够在不破坏民主理想的情况下力挽狂澜，将法国从革命动荡解救出来的人。1804 年 8 月，献给拿破仑的交响乐曲完成。但在深秋时节，利奇诺夫斯基亲王告知他拿破仑·波拿巴即将加冕成为法国皇帝时，贝多芬喊道："原来他只是一个庸人，他会践踏所有人的权利，他的野心将使他成为世界上最大的暴君。"随后，他在曲谱草稿的题献页上划掉了拿破仑的名字。

《钢琴小提琴奏鸣曲》（作品 47）原来是为英国演奏家乔治·奥古斯塔斯·波尔格林·布里奇托尔创作的，但在一场争执过后，这首奏鸣曲最终被献给另一位知名小提琴家鲁道夫·克鲁采，但他好像从来没有演奏过这首（因自己的名字）名垂千古的作品。

右图：波拿巴为约瑟芬戴上皇后的王冠。在这幅画中，法国画家雅克-路易·大卫以定格的姿态描绘了这个瞬间，其美学旨意与贝多芬的音乐有异曲同工之妙。拿破仑本来是贝多芬心中的英雄，但是后来他为自己加冕，使贝多芬感到厌恶，并拒绝为他呈献《英雄交响曲》。结果，这位主人公（拿破仑）的名字在作品的标题下被粗暴地划掉，仅留下了一个洞。（从上图中，可以看到手稿被划掉的细节）

《英雄交响曲》的伟大是因为其气势，而不是其主题

　　这首交响曲融汇了贝多芬最近 10 年来所有作品的风格，他以自己的方式，开创了一条拿破仑都无法穿越的辛普伦①。从一开始"生动的快板"呈示部起，每一个瞬间好像都想独立展开、突破自己，并寻找一个全新的领域，如同在攀登阿尔卑斯山的每次峰回路转中，都能看到另一个在

──────────

① 　一条著名的单线铁路隧道，连接瑞士和意大利。

阳光下闪闪发光的顶峰一样。没有什么是可以预测的，音乐正在徐徐展开。贝多芬给曲子取了一个新名字——《英雄交响曲》，也许这是针对作品气势来说的，而不是作品的主题。英雄，在任何情况下，是其内在使之成为英雄。

创作这首交响乐时，贝多芬将《灶神星之火》剧本编排工作搁置在一旁。在贝多芬编完了歌剧的场景音乐之后，席卡内德因故被迫辞去了剧院管理的职位。歌剧的合同重新续签时，贝多芬借此机会提出了新的要求——将让－尼古拉斯·布伊写的《莱奥诺拉》（或称《夫妻之情》）歌剧搬上舞台。

1804 年和 1805 年的大部分时间里，贝多芬专心创作这部抒情歌剧。1805 年 11 月首演时，它被更名为《菲德里奥》。同时，他还创作了《钢琴、小提琴和大提琴三重协奏曲》，以及 3 首钢琴奏鸣曲（作品 53、54、57）。

音色革新

献给沃尔德斯坦伯爵的《C 大调奏鸣曲》（作品 53，即《黎明奏鸣曲》）对钢琴的革新，就如同《英雄交响曲》对管弦乐队的革命性意义。1803 年，塞巴斯蒂安·埃拉尔从巴黎寄来了一架音色恢宏的钢琴。在这首奏鸣曲中，贝多芬几乎使用了它所有的琴键。奏鸣曲的开头在高音区与低音区之间同时展开，形成了强烈的对比。随后，低音区响起了急促的 C 大调和弦，这是噪声还是乐声？当我们懵然无知的时候，高音像一束光，从遥远而混乱的宇宙中射出，照亮了整部作品。

与这种奔放的激情形成鲜明对比的是《f 小调奏鸣曲》（作品 57，即《热情奏鸣曲》），这部作品像是随意漫步在风景最隐秘的角落，呈现出焦虑、折磨、暴力和坚韧。《f 小调奏鸣曲》在演奏时，右手甚至比表演《C 大调奏鸣曲》弹得还高，一直到达高音区的 C；在曲子的末尾处，右手停在高音区，在一连串 16 分音符中反复弹奏这个最高音；最后左手弹奏

左图是贝多芬，在这幅图中，贝多芬正在演奏《f小调奏鸣曲》。下页图是贝多芬在音乐会上使用的钢琴，它是由维也纳的钢琴制作师格拉夫设计的。

低沉的音符，一切归于静谧。可以说，贝多芬演奏的强度和爆发力，以一种和谐而精确的形式表现出来。他摆脱了莫扎特一直以来的影响，赋予了音乐形式绝对的自主性，使它成为表达的一种维度。

1805 年 11 月，《菲德里奥》正式亮相

《菲德里奥》的上演有诸多不利的背景因素：自 1686 年被奥斯曼帝国军队围攻以来，维也纳人第一次受到拿破仑军队的威胁，人们虽然也去剧院看演出，但是心烦意乱；就算演员们没有离开维也纳，他们的准备和排练工作也十分草率；对于贝多芬来说，在 4 月份《英雄交响曲》的试演中，观众的沉默不是一个好兆头。最终，《菲德里奥》的第一次演出以失败告终，贝多芬立即着手修改，这部歌剧最终于 1806 年 3 月底再次上演，但情况仍然不佳。

"在散步途中，我们迷路了，直到 8 点钟才回到德国柏林。贝多芬一路哼唱，有时甚至大喊大叫，但他没有唱歌。他回家后，便开始弹奏《f小调奏鸣曲》的压轴部分。"

——费迪南德·里斯

贝多芬又回过头来创作了一些器乐作品，在这个领域，没有人会怀疑贝多芬出类拔萃的天赋。他接连写了献给利奇诺夫斯基亲王的《四重奏三首》（作品59）、《第四交响曲》和《D大调小提琴协奏曲》。这段时期贝多芬的耳聋好像逐渐好转了，甚至可以一边弹钢琴，一边歌唱，有时他还同意在公共场合演奏。

利奇诺夫斯基家族的富有（下图是该家族在俄斯特拉发的一座宫殿，在今天的捷克共和国）并没有吓住贝多芬，他还是保持着一如既往的傲慢，在1806年一次众人皆知的矛盾后，两人多年未能和好。

"贝多芬只有一个"

1806年10月，贝多芬寓居亲王在俄斯特拉发附近的城堡内。一天晚上，亲王答应法国占领军军官，让贝多芬为其弹奏钢琴，然而这位艺术家却躲起来

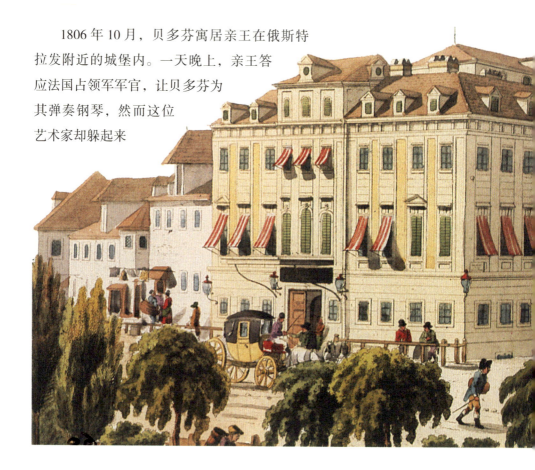

了。他不想弹钢琴——尤其是在拿破仑麾下的军官面前。亲王坚持要他演奏，贝多芬被激怒了，冒着倾盆大雨，跑出了城堡。

他在附近的一个小镇过了一夜。第二天，在返回维也纳之前，他写信给利奇诺夫斯基："亲王，您之所以成为亲王，是由于幸运，是因为出身。而我，是靠着自己的才华成为今天的我。以前有过亲王，今后也会有成千上万的亲王，而贝多芬只有一个。"

1806年10月，亲王中风，从此与贝多芬中断了联系。亲王停止了作曲家每年600弗罗林的收入，更重要的是，贝多芬失去了一位最值得信赖的朋友，一位在任何情况下勇于献身的朋友。

"利奇诺夫斯基亲王敲开了上锁的门，进入卧室后，贝多芬抓起一把椅子，正要朝利奇诺夫斯基的头砸去，好在奥佩尔斯多夫跳到了他们中间。"

里斯致韦格勒的信
1837年12月28日

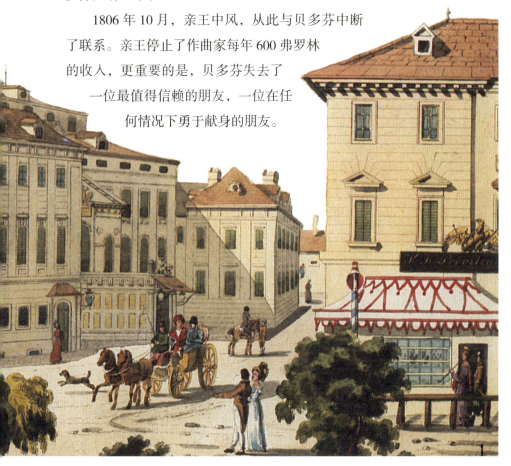

Rocco: „Sie liebt ihn, es ist klar. Ja, Mädchen, er wird dein."

上图：罗科——一名看守弗罗雷斯坦的狱卒——刚刚雇佣菲德里奥做他的手下，就发现自己的女儿爱上了菲德里奥。（卡农四重唱第 4 首，1806 年版本）

下图：皮萨罗决心向弗罗雷斯坦复仇。（咏叹调
独唱与合唱第 6 首，1806 年版本）

Pizarro: „Die Rache werd'ich kühlen."

下图：皮萨罗命令罗科抓紧挖掘坟墓，准备埋葬弗罗雷斯坦。（二重奏第 7 首，1806 年版本）

Pizarro: „Du gräbst in der Cisterne, sehr schnell für ihn ein Grab."

下图：弗罗雷斯坦两天没吃东西，只喝了一点罗科送给他的酒。莱奥诺拉心里又喜又忧，喜的是他总算有了一些力量，忧的是弗罗雷斯坦的坟墓已经挖好。（三重唱第14首，1806年版本）

Leonore: „Wie heftig pochet mir das Herz."

前面的几幅图片都是
《菲德里奥》的场景。
跨页图：当暴虐的总
督皮萨罗想要杀死莱
奥诺拉的丈夫弗罗雷
斯坦时，她伪装成一
个名叫菲德里奥的
年轻男子，出现在他
面前。（四重唱第16
首，1806年版本）

第四章
走向成功

贝多芬现时手头拮据，他的最后一部作品在维也纳的回响微乎其微，无法指望用演出的收入来弥补被亲王剥夺的收入。此外，1806年12月23日《小提琴协奏曲》的首演也反响平平。

"因此，我只能在内心最深处和最柔软的地方寻找一个支撑点；外部的世界绝对不存在这样的支撑。对我来说，外面只有破裂的友谊和种种类似的创伤。"

——贝多芬，1810年5月

上页图是维也纳圣斯蒂芬大教堂。

从孩童时起，洛布科维茨亲王就一直瘫痪在床，他寄情于艺术和音乐，用它们取代了狩猎和战争的冒险，他还在自己的府邸（上图）供养着一支管弦乐队。

1807 年初，洛布科维茨亲王想在宫殿里专门为贝多芬组织两场音乐会。在音乐会上，贝多芬演奏了刚完成的《科里奥兰》序曲、一首钢琴协奏曲，《菲德里奥》的前几节和四首交响乐曲，结果歌剧序曲以具有表现力的风格赢得了满堂彩。

　　为了增加收入，他还打算与欧洲主要音乐出版中心合作，同时出版自己的作品。他和维也纳的艺术署达成了合作，与莱比锡的布莱特克普夫和黑特尔出版公司也完成了签约。但是，他在巴黎与普莱耶尔的谈判毫无进展。

　　对于伦敦的一些出版商来说，这是天赐良机：1807 年初春，出版商、钢琴家兼作曲家克莱门蒂恰恰在维也纳逗留，贝多芬张开双臂热烈欢迎他。

与克莱门蒂的交易

　　能够见面详谈，使克莱门蒂与贝多芬签订协议更为顺利。4 月 20 日，他当面称赞贝多芬的一些作品，询问他在伦敦是否已经找到出版商。

　　"还没有。"贝多芬回答道。

　　"那您会优先考虑我吗？"

　　"乐意之至！"

　　"一言为定！您能给我哪些作品呢？"

　　"我会送给您一份目录。"

　　贝多芬回来了，胳膊下夹着他最近所有的手稿。克莱门蒂选择了 1 首交响曲、《科里奥兰》序曲、《小提琴协奏曲》、《第三钢琴协奏曲》和献给洛布科维茨亲王的那 3 首四重奏。克莱门蒂花了大约 2000 弗罗林，获得了这些作品在不列颠本土的独家版权，并得到了贝多芬的保证：把《小提琴协奏曲》改编成钢琴协奏曲。

　　与往常一样，贝多芬将前往巴登或海利根施塔特消暑度日。在那里，

他正在创作接下来的两首交响曲和一首埃斯特
哈齐亲王委托他创作的弥撒曲——以用在他妻
子 9 月 13 日的生日宴会上。这是贝多芬第一次
创作宗教体裁的音乐，然而可惜的是，这首曲
子客人们并不满意，在这种传统的体裁中，放
弃"严肃曲式"赋格略显轻浮。

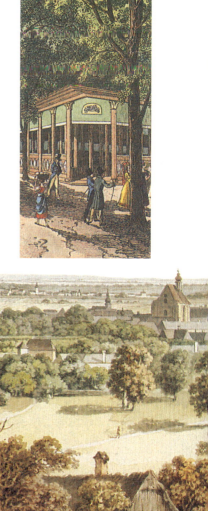

下图为巴登（上页上图是它的一个公园），一个
离维也纳约 30 公里的水城，是贝多芬最喜欢的
度假胜地之一。

1807 年，尼古拉斯·埃斯特哈齐二世（上图）委托贝
多芬为公主的生日编写弥撒曲。然而贝多芬并没有让
他们开心。最终他将 1812 年版本的弥撒曲献给了金
斯基亲王。经历了作品不受欢迎、与亲王的关系恶化
后，他已经习惯了这种态度的转变。下图是埃斯特哈
齐二世的城堡。

贝多芬的申请

埃斯特哈齐最近加入了一个委员会，可以协助管理宫廷剧院，洛布科维茨亲王也是这个委员会的成员，他建议贝多芬在宫廷剧院申请一个正式的职位。

他以自己的方式提出了申请："本人从事艺术创作，不是为了养家糊口，而是注重对艺术的兴趣、品位的提升和天赋的发展，以向最高理想和美好努力，因此不得不经常为缪斯牺牲利益和收入。"他接着说，凭借国外的名气，他本可以

与莫扎特不同的是，贝多芬非常尊重钢琴家和教育家穆齐奥·克莱门蒂（上面的奖章）。

下图是位于艾森施塔特的埃斯特哈齐宫殿。

离开维也纳，但是他认为"维也纳比任何城市都值得他的祝福与尊重"。最后，他提出了两条要求。

第一，他承诺每年至少创作一部大型歌剧——作为交换，他要求获得2400弗罗林的固定年薪，以及享有每部歌剧第三次演出收入的红利。

第二，他可以每年免费提供一部小型歌剧式嬉游曲，以及合唱曲或"应景乐曲"，只要宫廷剧院每年能为他举办一场个人音乐会。

不消说，委员会并没有给他回应。这一次，贝多芬真的想永远离开维也纳，他一整个冬天都在创作《A大调钢琴大提琴奏鸣曲》（作品69）和最重要的《第五交响曲》。不久之后，在海利根施塔特乡下，他完成了《田园（第六）交响曲》。回到维也纳后，他又创作了两首《钢琴三重奏》（作品70）和《钢琴、乐队及合唱团幻想曲》（作品80）。同年12月22日，他在大型专场演唱会上，演出了三首交响乐作品、《第四钢琴协奏曲》、《D大调弥撒》片段和《钢琴、乐队及合唱幻想曲》。

应该放弃维也纳吗

此时，拿破仑的弟弟杰罗姆·波拿巴刚刚命他担任宫廷的唱诗班指挥，在心里，他已经同维也纳告别。他从不会为宫廷写鼓舞人心的进行曲，而是一直用他的手腕微妙地与歌手、音乐家和法国官僚作风抗争。

"众所周知，人只有在不需考虑物质的条件下，才能全心全意地献身于意识，才能创作出那些伟大而崇高的作品、可称为艺术的荣耀的作品，因此本约定的签署人保护路德维希·范·贝多芬先生免于物质匮乏。"

诸亲王约定
1809年5月1日

"当我在灌木丛、森林、树丛、岩石之间游荡时，我是多么快乐啊！没有人能像我一样热爱乡村的景色。"
——贝多芬，1808年

上页图描绘的是贝多芬正在创作《牧歌》。

下图是第《第四交响曲》(1806) 手稿的细节。

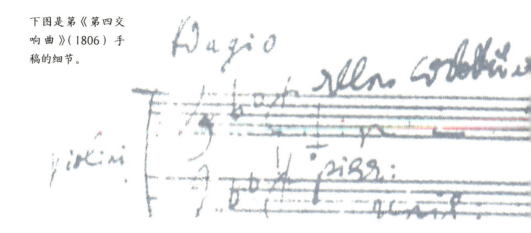

另外，贝多芬真的想为了空幻的追求，放弃既得利益吗？这难道是一种引起保守派反应的手段吗？

他在维也纳的仰慕者——以玛丽亚·冯·埃尔德迪伯爵夫人和伊格纳兹·格莱辛施泰因伯爵为首——向贵族们发出呼吁，希望这位大师不要离开维也纳，他们马上想办法，让他不为钱财困扰，专心从事艺术创作。

三位帝国显贵给予回应，为了支持贝多芬的生活，他们将共同支付每年 4000 弗罗林的年金——洛布科维茨亲王支付给他 700 弗罗林，他的岳父金斯基亲王拿出 1800 弗罗林，哈布斯堡王朝的鲁道夫大公每年支付 1500 弗罗林。当时，这位大公跟随贝多芬学习钢琴和作曲。作为交换，受益人只须承诺不离开维也纳即可。

两个月后，拿破仑兵临城下，皇室成员于 5 月 4 日逃走，留下了 16000 名士兵抵御敌军，保卫城市。

在启程当天，鲁道夫大公给贝多芬留下一个由三个音符（G、F、降E）组成的旋律型主题，贝多芬以此为基础，创作了《特征奏鸣曲》（作

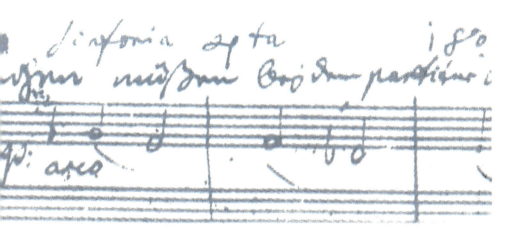

品 81a）。这首奏鸣曲叙述的"故事"，正是大公的告别、缺席和归来的过程。

上图为献给歌德的2首合唱和管弦乐清唱剧（作品 112，1815）的扉页。

在战争中，缪斯沉默不语

5 月 11 日，法国大炮向维也纳开火。贝多芬躲在他弟弟的地窖内，把头埋在垫子里，保护耳

朵不受炮声的伤害。3 个月后，他才重新恢复工作
的热情。但直到年底，他还在努力完成《第五钢
琴协奏曲》和《降 E 大调四重奏》（作品 74，即
《竖琴四重奏》）、《g 小调幻想曲》（作品 77）、《升
F 大调奏鸣曲》（作品 78）。同时代的人觉得自己
又回到了贝多芬即兴创作钢琴曲的时期。

维也纳重归和平时，贝多芬正满怀激情地为歌
德的《埃格蒙特》创作舞台音乐。事实上，困难才
刚刚开始。帝国经济萧条，贝多芬的生活境况也大

"只要各位大人把自
己看成是我新作品的
合著者——这将是我
最希望看到的情况，
就不会显得我白白得
到报酬。"

贝多芬给
格莱辛施泰因伯爵
的信
1809 年

不如前。他还多次尝试结婚，但都没有实现，孤独使他沮丧。在那一年里，他只创作了一首《f 小调四重奏》（作品 95）。1811 年初，他写了《降 B 大调钢琴三重奏》（作品 97，被称为《大公》）。1811 年 9 月，洛布科维茨亲王因疾病加重，被迫受到

在奥地利和法国再次开战的时候，贝多芬正在创作他的《第五钢琴协奏曲》的第一乐章。在战争火热之时，他在草稿的空白处写道："战斗的胜利之歌！进攻！胜利！"

战争以哈布斯堡家族的胜利告终，拿破仑只占领了世界上最雄伟的城堡。一位法国雕刻家将美泉宫（下图）的规模增加了三倍，还增加了方尖碑，却没有意识到瞭望台阻挡了军队的撤退……

监护人的监管。监护人拒绝履行亲王签署的协议——给贝多芬的年金承诺。直到 1815 年法院裁定贝多芬胜诉，他才得到洛布科维茨亲王的资助款。1812 年，金斯基亲王因坠马而死。贝多芬再次向法院提起诉讼，与金斯基亲王继承人对簿公堂，以维护他自己的权利。后来，贝多芬在波西米亚的温泉待了一段时间，试图重新振作起来，他与卡尔·利奇诺夫斯基和解，还结识了他为之着迷的漂亮姑娘，然而这些都无济于事：贝多芬一想起维也纳总是心烦意乱，性格也变得越来越阴郁。

"错误，全是错误！"

在过去的 1810 年至 1811 年，音乐出版商们投入大量的精力，刊印贝多芬的作品。这是他在有生之年最大规模的一次出版。他创作得并不多，大部分时间放在校阅刊印清样上，对此他甚为恼火。"错误，全是错误，"他在给莱比锡的出版商黑特尔的信中写道，"你自己就是一个独特的错误……你想犯什么错误，就犯什么错误，你想犯多少错误，就犯多少错误，我会一直尊重您的。因为人的习惯是尊重他人，免得他人犯比自己更大的错误。"

1811 年底和 1812 年前几个月，他几乎完全致力于《第七交响曲》的创作，最终于 5 月 13 日完成。

身患疾病

贝多芬的健康状况开始出现问题，身体不见好转。他决定整个夏天待在温泉疗养地，同时完成《第八交响曲》的创作。捷克边境的特普利斯是疗养胜地，会聚了不少来自南方和北方的上流人士。德国文学家歌德也是其中的一员，他在 1812 年写道："我是在特普利斯认识贝多芬的。他的才华使我大吃一惊，但他是一个性格桀骜不驯的人。他认为这个世界是令人憎恶的，这固然没有错，但他认为无论是他还是别的人，都没有使它变得美好的能力。他这么想情有可原，也很可怜，因为他丧失了听觉；

上图是歌德在他的书房里。

下图是 1812 年《第七交响曲》的首次试演。

"幸福追着我跑,"贝多芬写道,"亲爱的贝蒂娜,亲爱的年轻姑娘。"信中表达了一种与爱情相近的真挚友谊……左图是贝多芬1812年7月写的《致不朽的挚爱的信》的最后一页,这封信可能是写给贝蒂娜·布伦塔诺(右图)的。

比起音乐创作带来的苦难,耳聋问题给他带来的伤害更为严重。他本来就不擅长与人相处,因为他的耳聋,就变得更加与世隔绝了。"

在特普利斯休养期间,贝多芬写了一封激情澎湃的信,送给这位他称为"不朽的挚爱"的姑娘。这位美女的真名已经不可考了,人们猜测她可能是贝蒂娜·布伦塔诺,或者是她的妹妹安东尼娅,抑或是约瑟芬·布隆斯维克。是安东尼娅的可能性最大,因为他们很长时间以来一直关系亲密。贝蒂娜于1810年12月与阿希姆·冯·阿尼姆订婚。两年前再婚的约瑟芬刚刚被丈夫抛弃,正孤零零地四处漂泊,在贝多芬写这封信时,她踪迹全无。9个月后,她生下了小米莫娜。那么,她会屈服于7年前她坚拒的那种肉欲之爱吗?谁也无法断言。贝多芬11月才回到维也纳,不过他恢复得很好。在此期间,

他创作了最后一首《钢琴与小提琴奏鸣曲》（作品96），将由鲁道夫大公和法国波尔多的小提琴家皮埃尔·罗德于 12 月 19 日共同演奏。

经济窘迫，政治困难，组织一场大型交响音乐会变得困难。这种低迷的影响是深刻而持久的，以至于贝多芬直到夏天才开始创作。

利用战争

6 月间，突然传来消息，威灵顿在维多利亚战争中获胜。反对拿破仑一世的联盟重新振作起来，

1813 年 6 月 21 日，威灵顿首战告捷引起的强烈反响，丝毫不逊于 15 年前纳尔逊在阿布基尔海战胜利后的场面。贝多芬说："我必须向英国人展示《神佑我王》到底有上天的多少恩宠。"上图是奥地利人和法国人在维也纳附近的战斗（1805）。

威灵顿将军受到民众的追捧。

节拍器的发明者梅尔策尔与贝多芬的关系最为要好。他为贝多芬制造的助听器一直到1818年还能使用。他还创造了一种新型钢琴，百音琴。他请求贝多芬以维也纳大捷为题材，为新乐器谱写首曲子。贝多芬应允了，这确实有点匪夷所思：两支军队严阵以待，准备进攻；英国人唱着《统治吧，不列颠》，法国人唱着《马尔伯勒上战场》。乐曲中甚至还有火枪的射击声，以还原真实的战斗场景。

不久之后，贝多芬为这首曲子取名为《战争交响曲》，并在1813年12月8日的音乐会上与《第七交响曲》同时公演。他从未取得过如此大的成功，观众反响热烈。同年12月12日，《战争交响曲》进行重演，1814年初又演奏了第三次。

这部交响曲让贝多芬赚得盆满钵满，也为他赢得了公众的青睐。但令贝多芬感到遗憾的是，维也纳人的兴趣并没有主要集中在交响乐和其他伟大的作品上，只是喜欢这样一种新奇的玩意儿——他因为这种糟糕品位感到后悔。

上图是贝多芬的肖像画。下页的图片是他的助听器。

被遗忘的《菲德里奥》

得益于《战争交响曲》的成功，卡林西亚门剧院允许贝多芬为《菲德里奥》重新配乐。他立即彻底修改配乐，以便在1814年5月23日重新上演。这是一个洗刷之前失败的机会。

耳聋的问题逐渐严重，但贝多芬似乎与外界重新建立了联系。他重拾生活和工作兴趣。8 月 16 日，一首《e 小调钢琴奏鸣曲》（作品 90）创作完成。

尽管谱曲速度加快，不过大部分时间他还是在创作临时指定的作品和不太重要的委托。

"听天由命，完全听天由命了。对自己来说，你不能再称为一个男人了。对别人来说，你不能再做一个男人了……上帝啊！给我力量去征服自己！再也没有什么能把我束缚在生活中了。"

——贝多芬，1812 年

第五章
苦涩人生

1815 年，欧洲终于喘了口气，得以包扎伤口。在维也纳国会的欢欣鼓舞中，贝多芬的音乐收获了热烈的掌声，陆续有人要约请他作曲。然而，前景已经变暗了：利奇诺夫斯基亲王和其他几位朋友已经去世，另一些朋友也离开了维也纳。拉苏莫夫斯基亲王的宫殿，曾经是演奏贝多芬音乐的圣堂，如今却被火焰吞噬……

———————

"存在他脑海中的声音只是一种回忆，是逝去幽灵的声音，他最后的几部作品在他的额头上烙下了死亡的印记，令人不寒而栗。"

——海因里希·海涅，《卢特斯》，1841 年

上图是哈布斯堡家族鲁道夫收藏的贝多芬亲笔签名手稿。

贝多芬的情绪重又变得阴郁。这一年，他主要创作了两首《钢琴大提琴奏鸣曲》（作品102），都被列入了伟大作品目录中。

贝多芬陷入孤独的深渊。他的一个弟弟卡尔·卡斯帕尔病重。11月14日，他在遗嘱中指定妻子约翰娜和兄长贝多芬为卡尔——卡斯帕尔的独子——的共同监护人。当时，这个孩子只有9岁。贝多芬很讨厌这位弟媳，要求独自行使监护权。但在贝多芬离开后，卡尔·卡斯帕尔又在遗嘱中增加了一项附加条款："我绝对不希望儿子离开他的母亲，但若以后因职业原因不便与母亲住在一起，可由贝多芬单独行使监护权；因此，监护权现在必须由我的妻子和我的兄长共同行使。"

"把卡尔当成你自己的孩子。"
——贝多芬，1816年

上图是贝多芬侄子的肖像。

约翰是贝多芬的另一个兄弟，贝多芬称之为"我那无情无义的兄弟"。

抚养孩子，缓解孤独

而贝多芬不顾弟弟的这段附加遗嘱，想要单独抚养这个孩子。1816年2月，他在法庭上胜诉，并将卡尔安置在一所私立学院内，创办人为吉阿纳塔西奥·德尔·里奥，是贝多芬的好友。

这场关于监护权的官司仍在进行，一直持

续到 1820 年。在官司中，贝多芬变得脾气暴躁，毫不留情。法院诉讼让他很是担心，以至于几乎不能工作。

不过，官司的初期，他完成了《致远方的爱人》（作品 98）和《A 大调奏鸣曲》（作品 101）。后来，很多作品，如两部交响曲、一部歌剧、一首三重奏等，都没有成功。这种情况一直持续到 1819 年，在这之后，贝多芬才开始创作重要的作品。

为了能将侄子带回自己家，贝多芬至少得让自己的生活井井有条。"寄宿学校，"他在 1816 年 5 月 13 日写道，"哪里赶得上父亲对孩子的殷勤关怀。"他已经把自己看作是卡尔的父亲了。自 1816 年 3 月以来，他总是病魔缠身，于是试图通过阅

比起声乐来，贝多芬更偏爱这些类型的音乐——奏鸣曲、交响乐、室内乐，特别是四重奏。因此，《致远方的爱人》（上图为这首曲子的扉页）是相对罕见的。他在给冯·埃尔德迪伯爵夫人的信中写道："我们……生来就是为了苦难和欢乐，几乎可以说，最杰出的人是通过苦难获得欢乐的。"

读普鲁塔克、莎士比亚或席勒的书籍来消除孤独，他的笔记中满是摘抄这些作品的片段。这种状态持续了一年多，1817 年 9 月 9 日，他写道："如果没有音乐，我的每一天都像离坟墓更近了一点。"

11 月，在学习了巴赫的赋格曲之后，他为朋友托拜厄斯·哈斯林格创作了一首《弦乐五重奏》（作品 137）。

母亲永远是母亲

贝多芬从未放弃将卡尔带回家的想法。1818 年 1 月，他感到身体状况好转，便把卡尔从吉阿纳塔西奥的寄宿学校中接回家。贝多芬担心约翰娜利用卡尔外出上学的机会，暗自与他联系，便请了一位家庭教师在

家里授课。但贝多芬的仆人们一直对主人怀恨在心，约翰娜利用这一点，与仆人们串通一气。不久后，卡尔去探望了母亲。当这一罪行被发现后，卡尔被大伯严厉地训斥了一番。他坦白是仆人帮他们取得联系的，参与此事的仆人们当场遭到解雇。"卡尔做错了，"贝多芬总结道，"但一个母亲，即使是一个坏母亲，也永远是一个母亲。"

5月底，伯侄两人搬到维也纳南部的默德林小镇，在那里度过美好的时光。这个孩子在弗勒利希神父的学校上学，但极不听话，才上了一个月学，贝多芬就不得不把他带回去。他请了一个学

下图及上页图：默德林及其周围的景色。

期的家庭教师，为卡尔进入维也纳的公立中学做准备。

回到维也纳以后，情况变得更加复杂，孩子逃到了母亲那里。法庭上的战斗又开始了。最后，在地方法官的支持下，1820 年 4 月，卡尔的监护权被判给了大伯。整起事件使他感到屈辱与沮丧，以至于贝多芬无法全身心地投入工作中。但一种新式创作风格却在沉寂中日趋成熟。

全新的贝多芬

在创作《五重奏赋格》时期，他草创了一首《降 B 大调钢琴奏鸣曲》（作品 106，被称为《槌子键钢琴奏鸣曲》），但直到 1819 年春才最终完成。此曲的开头以贝多芬最常见的方式开始，带着肯定、响亮的表现性元素。既没有节奏，也没有旋律，更像是反复敲击一个和弦，直到这个和弦经过一个三度音程后，悄悄消失在根音上。表现性元素迅速重又出现，随后消失在高音区。这个开场白看起来像是一个引子。接下来，弱音弹奏出了真正的主题：作为对引子结尾和弦的回应，一开始从降 B 调上升到 D 调。最后，又像引子中那样，从 D 调下行到降 B 调。

《降 B 大调奏鸣曲》初始的表现性元素有生成细胞的作用。它宛如作品的胚芽，从一个三度音程开始，决定了整部作品的未来发展。对贝多芬来说，这种手法并不是新鲜事。让我们想想《第

"贝多芬的外表本身就有些不同寻常，引人注目……他通常沉思不已，嘴里哼唱着什么，不时挥舞着双臂。"

斯特凡·范·布罗伊宁
《"黑旗屋"回忆》

五交响曲》开头的4个音符，就是一个衍生出整部作品的表现性元素。但贝多芬现在比以往任何时候表现得更加严格；他从唯一的创造性主题出发，仿佛展开一个逻辑结构。

这种展开模式，最初是由霍尔巴赫男爵在他的《自然的体系》中提出的，该书于贝多芬出生那年在巴黎出版。莫扎特是第一个追随者，他拒绝了狂飙突进运动的理论。这一理论认为不同思想之间产生冲突，但又各有特色，足以让一部作品既有力度，又产生协调性。

因此在本质上，贝多芬的创作过程与浪漫主义精神背道而驰。成长于启蒙运动时期的贝多芬，仍然是古典派的艺术家。这并不妨碍他深刻的独创性，尤其是在他对节奏的控制上。贝多芬作品的律动常常是固执的，几乎违背了他的意愿，推动着作品向前发展。

它诉诸个体的自然力量，展示了作曲家冲动和暴力的气质。创造冲突的一切技巧与手段完全为它所用。

贝多芬的第二首弥撒

贝多芬希望这首弥撒曲永垂不朽，以纪念他的学生、保护者和朋友鲁道夫大公。1820 年 3 月 19 日，年轻的鲁道夫大公赶赴捷克摩拉维亚，出任奥洛穆克大主教。此时贝多芬经历的挫折使他未能如期完成作品：在就职仪式当天，贝多芬只写完了《凯里》和《格洛丽亚》。这部《庄严弥撒

曲》在三年后才得以完成，它堪称贝多芬的"宗教遗嘱"弥撒曲。贝多芬斟酌用词，坚持信仰的奥秘，以及"信条"一词，较少提及教条式的

鲁道夫大公（左图）是一位优秀的钢琴家，在担任大主教之前，他还为一首著名的三重奏作曲，这启发了贝多芬创作第二首《庄严弥撒曲》。

训示，保留了"自然"和"自由"等关键词。

　　贝多芬没有立即完成弥撒曲，而是接连写了三首钢琴奏鸣曲。作品 109（E 大调）完成于 1820 年秋；1821 年 12 月 25 日完成作品 110（降 A 大调）；作品 111（c 小调）于 1822 年 1 月 13 日演奏。关于奏鸣曲，贝多芬已经写得够多了，他又回到了其他的器乐上——钢琴，一种亲密的、救他于困境的乐器。他鼓励自己重新开始创作，不仅创作了《庄严弥撒曲》，还创作了《狄亚贝利变奏曲》（1823）、《第九交响曲》（1824）和最后 6 首四重奏（1825—1826）。

"要写出真正的宗教音乐，需要了解修道院僧侣的圣歌吧。"贝多芬在 1818 年写道。在《庄严弥撒曲》中，贝多芬确实运用了修道院古圣歌的词句。下图是此曲的手稿。贝多芬利用这种抽象的写作方式，把创作时的最初想法记在纸上。直到 1823 年 3 月，也就是鲁道夫大公登基三年后，曲谱才得以完成。贝多芬考虑将以订阅的方式出版，向欧洲所有国家开放，而结果出乎意外……就连歌德在被请求订阅后也没有做出回应。贝多芬去世后，肖特在美因茨录制了第一版中的三首。

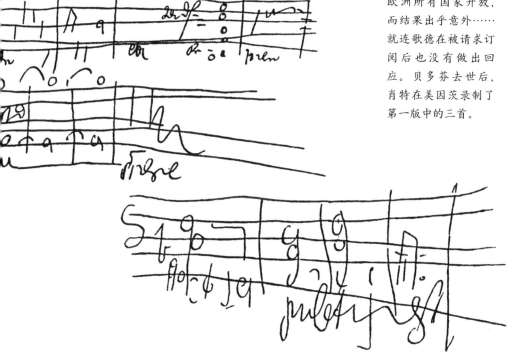

第六章
人类之歌

1822 年春，罗西尼的歌剧乐声传到多瑙河岸边。每天晚上的演出让观众兴奋不已。他们忘记了自维也纳会议结束以来的所有困难，就连贝多芬也喜欢上了罗西尼的《塞维利亚的理发师》，他在去观看演出前，还特意带上了乐谱。霎时间，歌剧的舞台得到恢复；剧院已经在为《菲德里奥》的继续上演做准备了。生活终于有意义了吗？

————

"贝多芬的灵魂在这神圣的唱诗班上盘旋，向上帝发出多么热切的祈祷啊！"

——乔治·桑《旅人书简》

贝多芬决定至少亲自指挥歌剧的彩排。在序曲部分，管弦乐队的乐手们竭其所能，尽力理解聋人指挥家不太精确的指示。但灾难从第一幕开始就出现了：管弦乐队的演奏和台上的歌手无法相互配合。他们再试了一次，仍然没有成功。贝多芬终于明白是怎么一回事，他匆忙赶回家，把自己关起来，双手痛苦地紧紧抱住头。

意想不到的成功：新的开始

1822 年 11 月 3 日的晚上，《菲德里奥》再度上演，激发了公众的热情。年轻的威廉明·施罗德饰演莱奥诺拉，好评如潮。这部歌剧持续上映了几个星期。贝多芬想重回歌剧领域，但他必须先完成已经开始的项目。他这一年中的大部分时间都在写一首新的四重奏和《第九交响曲》，后者是伦敦爱乐协会期待已久的作品。

11 月中旬，他收到一封信，表明了写信人希望他写作弦乐四重奏的目的："作为您才华的崇拜者，也是一个充满激情的音乐爱好者，我冒昧地写信给您，不知阁下是否愿意创作几首新的四重奏？关于作品的酬金，我很乐意按您认为合适的数额奉上。"

贝多芬最后几年的作品，其主题和动机互为表里，结构永远在变化中。

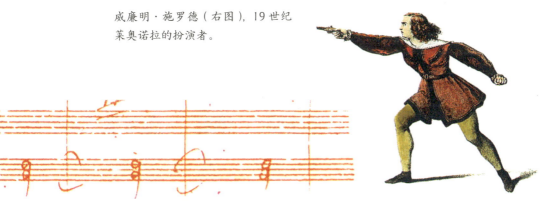

威廉明·施罗德（右图），19世纪
莱奥诺拉的扮演者。

写信人补充说，他很喜欢拉大提琴。写信人不是别人，正是年轻的俄国大公尼古拉·戈利岑。贝多芬原本想写首新的四重奏，他的愿望正中贝多芬心意，因此贝多芬十分乐意答应这一要求。但眼下，贝多芬必须先完成《第九交响曲》。

这部作品一直困扰着他，只结尾部分就修改数次，最终直到 1824 年 2 月才得以完成。1823 年初夏，他考虑的用于演奏压轴部分的乐器，用在了《a 小调四重奏》（作品 132）的最后乐章。

下图和下页图是冯·博姆所绘的贝多芬的侧影和背影肖像素描（1825）。

精妙绝伦的合唱曲

不久之后，贝多芬决定采取完全不同的结尾：他要为席勒的《欢乐颂》谱曲。这个想法由来已久，但直到现在，才得以实现。席勒这首写于 1785 年的诗，灵感来自共济会成员的诗集，诗歌中甚至使用了独唱与合唱更迭交替的原型。席勒不是共济会会员，贝多芬也不是。但"四海之内皆兄弟"确是席勒与共济会的共同理想，而且很快也会成为贝多芬的理想。

关于新交响曲终于完成的消息在维也纳传开了。而贝多芬把首演权留给了伦敦爱乐乐团，甚至给了普

鲁士国王！维也纳人的自尊心受到了深深的伤害，30 位"艺术爱好者"，其中既有贝多芬的老朋友，也有他的敌人，联名向贝多芬请愿："我们知道，您创作的伟大交响乐，如同王冠上生长的一朵不朽的花。多年来，自从维多利亚战役的炮火平息，我们满怀希望，一直等待。希望你重新打开灵感的宝藏，像过去一样，把珍宝撒在我们身上吧！莫要辜负公众的期望了！"

尽管贝多芬已跟伦敦方面有过约定，在创作的最后一刻还是遇到了困难，这场音乐会还是于 1824 年 5 月 7 日在卡林底门剧院举行了。音乐会只排练了两次，包厢空荡荡的，没有皇室成员出席。在演出《庄严弥撒曲》的三个片段时，场面开始变得糟糕：一些观众已经离席了。突然间，事情出现转机！《欢乐颂》让气氛达到了高潮，观众欢欣鼓舞，充满喜悦。

上图乐谱是《欢乐颂》的草稿。

这场音乐会的收入微薄，就连 5 月 23 日的再演也是如此，贝多芬为此耿耿于怀。他萌生了回头写室内乐的想法。1824 年，不管是创作的歌剧，还是《第十交响曲》，很快就被他搁置了。《降 E 大调四重奏》（作品 127）于 1822 年 5 月动笔，后来因为要写《第九交响曲》而被放弃，最终于 1825 年 2 月完成。

下页图是费迪南德·格奥尔格·瓦尔德穆勒画的 53 岁的贝多芬（1823，藏于贝多芬故居）。这是为数不多的可信的肖像之一，引人注目的是贝多芬显而易见的高贵。

回归四重奏

贝多芬于 1825 年 7 月完成了《a 小调四重奏》（作品 132）、《降 B 大调四重奏》（作品 130，无最后乐章），11 月完成了别具一格的最后乐章《大赋格曲》（作品 133），1826 年 7 月完成了《升 c 小调四重奏》（作品 131），10 月完成的是《F 大调四重奏》（作品 135），11 月完成了"作品 130"的新压轴曲。

在这些作品中，贝多芬几乎无处不在地使用主题单元格降 B、A、C、B（在德文中则是 B、A、C、H）或其变奏。他运用旋律和对位，将自己带到他从未去过的地方——在那里，他只遇到了巴赫和莫扎特，结为同伴。在某个部分，他会强加严格的形式；而在另外一部分，却采用完全自由的形式。在结尾处，他创造了一个只有他自己的世界，这个世界靠他的绝对力量而存在，不借助任何外在事物，甚至《第九交响曲》或《庄严弥撒曲》也被排除在外。

    在四重奏的创作过程中，卡尔频频给贝多芬惹麻烦，两人问题不断。卡尔做什么事都半途而废，甚至在 1826 年 7 月 29 日尝试自杀。

    贝多芬不得不将侄子送到军队。在等军队开拔的时候，伯侄俩在克雷姆斯附近的格奈克森多夫住了几个星期。12 月初返程途中，他们乘坐送牛奶的敞篷货车，在路上淋了雨。从此，贝多芬患上了肺炎，不久后病情加重，又伴有黄疸发作。

在离维也纳不远靠近巴登的水镇（贝多芬在那里租了一个避暑的地方）有条小海伦塔尔河，岸边树木繁茂，是这位音乐家最喜欢的散步地点之一。在图片的左上角，你可以看到罗恩斯坦城堡的遗址，它曾经统治着整个地区，现在人们可以随意攀登。后来，年轻的卡尔爬上了高高的罗恩斯坦城堡，试图在那里自杀。

"贝多芬瞪大了双眼，他举起右手，握紧拳头，神情凶猛，表现出强烈的攻击性，他朝上看了几秒钟……他的手落在了床上，眼睛半闭着。"

——安塞姆·胡滕布伦纳

左图，贝多芬临终时躺在床上。

贝多芬卧床不起，直到去世。只有阅读、友人的拜访和音乐能让他感到欣慰，尽管他听不到乐声。

"唱吧，唱吧！"

他最后的访客之一——男高音歌唱家路易吉·克拉莫利尼偕未婚妻看望贝多芬。

"当我们进来的时候，那个可怜的人躺在床上，浑身湿透。他睁大眼睛望着我，眼里闪闪发光。然后他向我伸出左手，微笑着说：

"'那么，小路易吉来了，现在你都有未婚妻了……你们真是一对可爱的夫妇。我看得出，你们也是一对勇敢的艺术家。'

"他递给我们纸和笔，让我们将所说的话写下来，因为有时我们说话，他几乎听不到。随后，贝多芬想让我们给他唱首歌。辛德勒走到房间中央并排的两架大钢琴中的一架，我们站在贝多芬面前。我写了话递给他，说我想唱他的《阿德莱德》，我就是唱这首歌在艺术界出名的。贝多芬友善地点了点头。但当我开始唱的时候，情绪一激动，喉咙发紧，完全唱不了歌。我请辛德勒等一会儿，让我慢慢平静下来。贝多芬问发生了什么事，我为什么不唱歌。辛德勒告诉了他原因，他笑了起来，说：

"'唱吧，唱吧！我亲爱的路易吉。不幸的是，我听不见你说话，不过我还想看着你唱歌。'

"最后，我鼓起勇气，热情地唱着我记得的全部歌曲，贝多芬创作的神圣的《阿德莱德》。唱完后，他把我叫到床边，紧紧地握着我的手说：

"'从你的呼吸中，我知道你唱得很好；从你的眼睛里，我看到你对所唱的歌有自己的感受。你让我很开心。'

"我听了这位伟大的音乐家的评价，激动得热泪盈眶，我擦了擦眼泪。当我想吻他的手时，他急忙把手拿开，说：

"'对你亲爱的妈妈这样做吧！'"

不久之后，1827 年 3 月 26 日，贝多芬去世了。然后，维也纳授予他有生之年拒绝过的所有荣誉。特蕾莎·布隆斯维克写道："就连皇帝也从来没有举行过这样隆重的葬礼，三万人跟着灵柩一直走到墓地。"他们可能也让贝多芬听到了自己的音乐。

上图描绘的是贝多芬在维也纳的葬礼，成千上万的维也纳人聚集在一起。
下页图（由约瑟夫·丹豪瑟于 1840 年绘制）：李斯特在弹钢琴，在右边钢琴上方，贝多芬的半身像见证了他的浪漫主义遗产。

资料与文献

贝多芬的生活日常

在那些了解他生活、创作、演奏的人眼中，贝多芬像一只熊。他的亲友将他的孤僻归因于耳聋。然而，这不足以说明他坎坷的一生。

沙龙里的熊

贝多芬是维也纳最受欢迎的作曲家，甚至在某些领域，他是那个时代最优秀的一个。他虽然年岁不高，但由于高度失聪，与社会格格不入，这使他几乎放弃了与周围人打交道。他表现出不修边幅的样子，使他显得有些古怪。他具有很明显的外貌特征：目光咄咄逼人，头发似乎好几年没有用过梳子和剪刀，宽大的眉毛浓密而混乱，堪比蛇发女妖头上的蛇。通常，他的行为有点不自然，他只有与朋友在一起，才会显得活跃而和蔼。

听力的完全丧失使他丧失了社交生活的一切乐趣，脾气也因此变得越发暴躁。在晚会上，他总是一整晚蜷缩在角落里，远离客厅里的任何闲聊和讨论。他在那里喝葡萄酒和啤酒，吃奶酪和鲱鱼，看看报纸。

一天晚上，一位客人坐在他旁边。他恶狠狠地看着客人，像看到蟾蜍一样，朝着地上啐了一口唾沫。然后他的目光回到了报纸上，又回过眼来打量了一下来人，又吐了一口唾沫，一副怒发冲冠的样子。他停止看报，大声喊道："真是个人模狗样的东西！"说着，就急忙离开了客厅。即使和最好的朋友在一起，他也会像个任性的孩子一样反复无常。他总是随身带着一个小笔记本，靠写字与别人交流。他还用这本笔记本——虽然上面没有谱线——记下他脑海中闪现的音符。这些音符别人是看不懂的，因为这是贝多芬以自己独特的方式书写的。只有他本人才能将这些乱七八糟、有如迷宫般的音符，组合成最丰富最美妙的和声。当他弹钢琴时，世界里只有他自己和乐器，其他的一切他都充耳不闻。耳聋以后，他似乎不可能听到自己在弹奏什么，因为他往往无法从乐器中听到任何声音，但他在心里听到了。从他的眼神和几手察觉不到的手指动作，可以看出他在心里感受到了声音，乐器实际上是哑巴，就像演奏者是聋子一样。

我听过他演奏，但要让他演奏，你得精心安排才行，因为他害怕在大庭广众之下演出。如果坦率地要求他帮忙，他会断然拒绝，这事必须得婉转地用点计谋才行。那次是这样的：所有人都离开房间，只剩下主人和贝多芬，那人是贝多芬的好友。他们先是通过笔记本交流，讨论些银行之类的话题。主人就像不经意间，随便敲响了旁边打开的钢琴，后来他干脆坐在琴凳上，缓慢地翻着贝多芬的乐谱，弹了一段贝多芬创作的钢琴曲。主人故意弹得错误百出，终于作曲家看不下去了，屈尊纠正他的错误。一切准备就绪，他将手放在钢琴上。主人立刻找借口离开大厅，到隔壁房间跟其他宾客会合。他们待在那儿，看着颇为乏味的开场戏，早已等得不耐烦。贝多芬独自一人，坐在钢琴旁。一开始，他只是随便敲了几个琴键，好像害怕做错了事会被发现似的。但渐渐地，他忘记了周围的一切，开始了长达半小时的即兴弹奏。演奏风格时常变换，而且都是突如其来的变化。听众们被彻底迷住了。而对外行人来说，最有趣的事，莫过于观察他那从灵魂中流淌出来的音乐，是如何表现在他的动作中的。他感觉到的，有平静和温柔，然而更多的是果敢、力量和激情。他脸上的肌肉鼓了起来，血管搏动着，嘴唇颤抖着，目光中散发出狂热。他看起来像一个巫师，屈服于自己所召唤的恶魔的力量。

约翰·罗素
《1820 至 1822 年间在德国和奥地利帝国南方诸省的旅行》
埃丹堡，1825 年

生活起居

不管什么季节，贝多芬都会在黎明时起床，然后立即伏案工作。一直到下午两三点吃午饭的时间，他才停下来。在这段时期里，他会休息两三次，呼吸呼吸新鲜空气。每次的休息时间很少超过一个小时。一年四季，不论刮风下雨都是这样，他的生活起居就像蜜蜂飞去觅食一样规律。下午，他总是会外出散步。傍晚时，如果在咖啡馆还没满足读报的好奇心，他就会去喜欢的啤酒店读报。在英国议会开会期间，他经常在家里阅读《汇报》，以了解议会辩论的情况。这位政治狂热者站在反对派一边，是件不足为奇的事情。更不用说，他对布鲁姆勋爵、休姆和其他反对派的主要领袖很感兴趣。冬天晚上，贝多芬总是喜欢待在家里，全神贯注地阅读。他很少在这时伏案工作，因为太伤眼睛了。也许他年轻的时候会有所不同，但可以肯定的是，他从来不在晚上作曲。一到 10 点钟，他就要上床睡觉了。

深思时刻

对贝多芬来说，洗手和洗澡是至关重要的。在这一点上，他像个东方人一样——洗手的次数不亚于穆斯林。上午工作间隙，他若是不出门散步，便常常穿着睡袍，走到盥洗室，把几大罐水倒在手上。他一边冲，一边哼唱歌曲或大声吼叫。过后，他穿过房间，四处看看或凝视着某个东西，走到桌前记下几个节拍后，又回到盥洗室大呼小叫地冲手。这些都是他最深刻的沉思时刻，不幸的是，有两件事情使这些时刻失去了意义。首先，他的行为让仆人们发笑，他发觉后非常生气，有时甚至大发脾气，把场面弄得很滑稽。其次，他跟房东也有摩擦。因为水会从天花板渗下来，而且这种情况经常发生。这就是贝多芬从来不是一个受欢迎的房客的原因之一。他房子的地板必须涂上沥青，才能挡住这样的"洪水"。而房东并没有察觉到贝多芬的文思正在脚下蔓延！

日常饮食

贝多芬的饮食习惯与众不同，这与他对家务事的看法有关。

早餐时，贝多芬会喝咖啡，这是他自己在咖啡机里煮的。咖啡是他的主要饮品，像是东方人经常做的那样。他每杯要用 60 粒咖啡豆，尤其是当他有访客的时候，有时甚至会提前数好咖啡豆。乳酪粉烧的通心粉是他最喜欢的食物，只要不是非常糟糕，他总是吃得津津有味。但是，他对其他所有的菜肴多加挑剔，并要求厨娘为此负责，即使那个可怜人不是罪魁祸首；在他看来，原谅厨娘是违反道德的。"这汤的味道简直糟透了！"这是不容申辩的判决，若是有人有异议，贝多芬会说他是一个没有品位，或者丧失良知的人。

比起其他重要的事情，他更不能忍受在饮食方面被人反驳。他脾气古怪，被人反驳的怨气会一连持续好几天，他甚至还会给那人专门写信。我保留一份这样的信件，上面写道："在我看来，你对汤的看法完全对我无关紧要，不过它确实是坏的！"关于贝多芬执拗的性格，我们已经知晓，现今在这件小事上又可见一斑。

他也很喜欢所有用鱼制作的菜肴，乐意在星期五接待客人，为客人端上一条美味的多瑙河鲈鱼和煮马铃薯。他晚饭吃得很少。一盘西红柿，再加上一些午餐剩菜，通常是他的全部晚饭。

在饮料方面，他喜欢喝新鲜的泉水，尤其是夏天，他会喝得很多。他最喜欢的酒是来自匈牙利布达的葡萄酒。不过，他特别喜欢掺有杂质的酒，这对他可怜的内脏造成了很大的伤害，不管谁劝他都没有用。不过，他最后一位医生证实，贝多芬并不是一个酗酒的人。晚上，这位大师会悠闲地一边喝啤酒、抽着烟斗，一边浏览报纸。

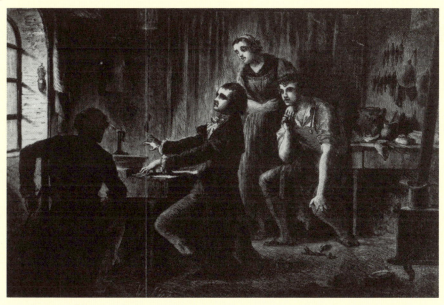

贝多芬在波恩的鞋匠弗朗茨家即兴演奏。

到了晚年，贝多芬仍然是小酒馆和咖啡馆的常客，但那些地方必须有后门。他悄悄地从后门进去，在单间里安顿下来。如果陌生人想和他会面，人家会给他指路。贝多芬不喜欢换地方，经常去家附近的咖啡馆，但人们很少看到他和陌生人见面，因为当他看完报纸的最后一页，他会匆忙从后门离开。

安东·辛德勒（Anton Schindler）

《贝多芬生平》，1844 年

阿尔贝特·索温斯基（Albert Sowinsky）翻译，

加尼耶兄弟（Garnier frères）出版，1864 年

书信里的贝多芬

　　尽管书写已成为贝多芬与外部世界沟通的唯一手段，但他很少在书信里流露自己的心声。比起美学或心理问题，他更喜欢说些日常生活上或出版上的问题。在极少数情况下，他也会有信笔纵横的时候，文字洋洋洒洒，甚至比音乐更富有激情。

海利根施塔特遗嘱

敬我的兄弟卡尔和（约翰）贝多芬：

　　啊，那些认为我是心怀怨恨的、固执的、愤世嫉俗的人，你们是多么冤枉我啊！你不知道其中隐情。从孩提时代起，我的心灵就满是美好的情感，我一直准备做些伟大的事情。但想想看，6年前，我患了一种可怕的疾病，无能的医生使病情变得更加严重。年复一年，治愈的希望越来越渺茫，最终我只能被迫面对长期患病的可能性。如果可以被治愈，亦需耗费多时。我本是生气勃勃、活泼开朗的，现在却不得不离群索居。当我试图忘记这一切的时候，哦，我那不中用的听觉，一次又一次地把我带回到痛苦的现实。我怎么说出这样的话："大声点，大声点！我是一个聋子！"啊！这个感官我原应比其他人更完美，我怎能承认它已经不行了呢？我曾经的听力非常敏锐——在我的职业领域很少有人达到或从未达到的敏锐。噢！我做不到，所以请原谅我，我不能像以前一样与你们亲近，其实我想和你待在一起，我的不幸，因为它使我被误解，而变得更加令人痛苦。对我来说，社交场上的消遣、深入的交流、思想的碰撞几乎不可能了。我只能独身一人生活，就像一个被放逐的人。只有在绝对必要的时候，我才会接触社交圈子。

　　当我接近人们时，一种无名的恐惧攫住了我，我害怕泄露自己的秘密。正因如此，我最近这半年一直住在乡下。我那位能干的医生，要求我尽可能地保护耳朵，这正中我下怀。我本来就想少与人接触，尽管偶尔希望有人陪伴，但我已经顾不上这么多了。

当我旁边的人听到远处的笛声，而我什么也听不见时，我感到多么的屈辱；或者有人听到牧羊人唱歌，而我，再一次，什么也没有听到，这些事情几乎把我逼到了绝望的境地；这种感觉再多一点，我就会结束自己的生命了——是我的艺术阻止了我。啊！在我将感觉到的一切都写出来之前，我似乎不可能离开这个世界，我就是这样忍受这种悲惨生活的——非常悲惨，因为我的身体如此敏感，哪怕稍微突然的变化，都能让我从天堂落入地狱。别人告诉我要忍耐，我必须让忍耐成为我的座右铭，而我就是这么做的。命运之神早晚会割断我的生命线，但是我还是希望坚持的决心能持续下去。也许我会好起来，也许不会；我都已经准备好了。对于一个 28 岁的人来说，有这种旷达的生活观是不容易的；对一个音乐家来说，远比其他人更困难。神灵啊，请看看我灵魂深处，你知道它充满了对人类的爱和向善的愿望。人们啊，当你们有朝一日读到这封遗书的时候，想想你们是不是冤枉了我；一个处于逆境中的人，不管大自然为他设置的重重障碍，尽其所能跻身于艺术家行列，希望有所作为，恐怕也可以作为一种慰藉吧。我的兄弟，卡尔和……请你们在我死后，让施密特医生开具疾病证明，然后把这封遗书和证明公之于世。这样至少在我死后，可以消除很多人对我的误解。同时，我指定你们两个作为我的财产（如果可以称得上财产的话）继承人。希望你们平分这些遗产，互相关爱，互相帮助。你们对我做的事情，我早就原谅你们了。卡尔弟弟，我特别感谢你这些日子对我的关切。我祝福你们比我生活得更幸福。请把善良的品德传给你们的孩子，只有美德才能让人快乐，而不是金钱，我说的早已是陈词滥调了。是美德在我患难之时，支持我走下去；多亏了它和我的艺术，我才没有以自杀结束生命。永别了，爱你们！我感谢所有的朋友们，特别是利奇诺夫斯基亲王和施密特医生。那几架钢琴是 L 亲王送给我，我希望你们其中一位能保有它们，但你们不能为此起争执，如果有一天行情上涨，就把它们卖掉。能对你们有所帮助，我在九泉之下也会感到欣慰！好了，就这样吧。我会怀着喜悦的心情，迎接死亡。如果死神在我尚能展示所有的艺术能力之前就到了——尽管我的命运维艰，但我还是希望它能晚一点来，我也很高兴：它不是要把我从无休止的痛苦中解救出来吗？按照它的时间来吧，我会再敢地迎接死神。再会，我死后请不要立马忘记我，我值得你们这样，因为有生之年，我时常记挂你们，总是祝愿你们幸福。别忘记我吧！

路德维希·范·贝多芬
海利根施塔特，1802 年 10 月 6 日

给我的兄弟卡尔和（约翰），在我死后阅读和执行。

1802 年 10 月 10 日　海利根施塔特

所以，我向你告别——这是非常可悲的，因为来这里的愿望，大部分已经落空了，我现在必须完全放弃它。就像秋天的落叶凋谢一样，这份希望对我来说已经枯萎了。我会离开，像来时一样。即使是那种骄傲的勇气——这种勇气在夏天晴朗的日子里常常激励着我——也消失了。天意啊，至少让我拥有一天真正的欢乐吧！因为这么长的时间以来，我一直被剥夺了享受快乐的权利！哦，神啊，什么时候，什么时候，我能在自然和人类的圣殿里再次体验它？永远不能吗？哦！这太残酷了！

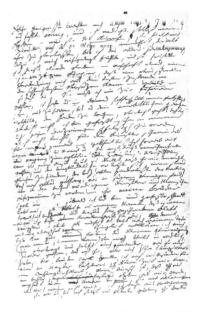

1802 年 10 月 6 日《海利根施塔特遗嘱》第二页的真迹。

致不朽的挚爱的信

1812 年 6 月 7 日晨

我的天使，我的全部，专属于我的爱人。今天只有几句话，我用（你的）铅笔写了下来。我要到明天，才会确切地知道我将住在哪里。这样的琐事是多浪费时间啊！当需要说话的时候，为什么会有如此深的悲伤？我们的爱只能通过牺牲、通过不要求一切而存在吗？现在你不属于我，我也不属于你，还有别的办法改变吗？啊！上帝啊，睁开眼睛看一看吧，我们的要求不多，不过是把我交给你，把你交给我罢了。我必须为我们而活；如果我们完全在一起，就不会经历这种痛苦了。这次的旅程很糟糕，昨天凌晨 4 点才到此地。由于驿站没有足够的马匹，所以仆人临时换了一条路线，但这是一条可怕的路线！到终点的前一站时，有人劝我不要走夜路，因为前面的森林路途难行，但这让我很兴奋，催着仆人赶路。然而我错了，前面的路坑坑洼洼，马车差点散架。要不是马车夫有经验，我们铁定会被晾在半路上。埃斯特哈齐走的是另一条小路，也是我们经常走的那条。他有 8 匹马，而我只有 4 匹，但他跟我遭遇了同样的情形。不过，当我幸运地克服了一个障碍时，我还是体验到了一些乐趣。现在再来谈谈我们的事，咱两可能很快就会见面了；此外，这几天，我想了很多关于今后的生活打算，可是我没法把想法都跟你说。如果我们的心还紧紧相依，我也就不必说了。我心里有好多话要对你说。啊！有些时候，我发现语言是无能为力的。振作起来吧！保持你忠实的、唯一的宝藏，保有你的一切，就像我对你一样。至于其余的事情，众神将决定我们的命运和结局。

你忠实的路德维希

7 月 6 日，星期一，晚

你受苦了，我最亲爱的人。我刚明白，这些信应该在一大早寄出去的。邮车只在星期一、星期四才从这儿出发到 K 城。你很痛苦。啊！无论我在哪儿，你总和我在一起。我们一起聊天，我会确保我能和你一起生活，多好的生活啊！！！只是这样！！！然而我的身边并没有你。这里的人们对我呵护备至，而我觉得自己不配，也不想让人们对我这么好。别人在我面前的谦卑使我感到痛苦，当我想到自己与他人的关系时，我了然想，我到底是谁，他是谁，而被我们称为最伟大的天主又是谁？然而，人的神性仍然存在。当我想到你可能要到星期六才会收到我的第一封信时，我哭了。无论你对我有多爱，我对你的爱总会比你更深，但请永远不要隐藏自己的爱情，让我知晓吧。晚安。晚安。作为一个听话的病人，我得去睡觉了。啊！天主哪，这么近！这么远！我们的爱岂不是一座真正的天上宫殿，坚实如苍穹吗？

7月7日晨

我还在床上，思念着你，我不朽的心爱的人，这有时快乐、有时悲伤的可爱的人儿啊。命运会让我们如愿吗？要么和你在一起，要么根本不能，总得确定才行啊！我甚至决定在很远的地方游荡，直到我可以投进你的怀抱。到那一天我才可以跟自己说，我又回到了故土，因为只有和你在一起，我的灵魂才能回归精神王国。是的，唉！我必须这么做。你知道我对你的忠诚，你也能克制自己。除了你，没有人能占有我的心，永远，永远。哦，天主，为什么要让一个人远离所爱之人呢？我如今在维也纳的生活如此悲惨，你的爱，使我从最幸福的人，变成最不幸的人。在我这个年纪，我需要一种稳定的生活。考虑到我们的关系，这不可能了吗？亲爱的，我刚听说邮局每天都送信，所以我必须停下笔来，这样你就可以马上收到这封信了。沉住气，只有静静地思考我们的处境，我们才能达到目标，永远生活在一起。请爱我吧，今天、昨天我都思念你，你是我的生命，我的一切！再见！哦……一直爱我。永远不要忽视你心爱的 L 最忠实的心。

永远属于你，
永远属于我，
永远属于我们。

载于梅哈德·索罗门（Maynhard Solomon）编《贝多芬》
让－克劳德·拉泰（Jean-Claude Lattès）出版，1985年

升华性失聪?

　　贝多芬的失聪常常被用来理解他的作品。难道他的乐声的"奇特",不是因为他听不到他所想象的乐声吗? 听觉的缺失不是培养了对音乐抽象的品位吗? 这种说法自19世纪以来一直存在。真正的音乐家,如瓦格纳,知道真相并非如此。

海利根施塔特遗嘱

　　当他听不到声音,失去与外部世界的联系时,他那睿智的目光转向了内心世界。当他对内在王国不断审视,对外界的要求便愈加苛刻:他要求客户不要按劳付费,而要承担他的全部生活费用,以确保他不再关心身外之物,安心创作。他觉得——这可能是头一次有音乐家这么想——一些地位很高的人理应慷慨解囊,保证他不为生活所累。莫扎特处于与贝多芬同样的转折点时,便早早地耗尽心力,消沉了下去。毫无疑问,贝多芬的要求并没有如他想的那样顺当,甚至时断时续,然而他毕竟撑了下来。他觉得自己是胜利者,知道自己只有是一个自由人,才能与世界竞争。这个世界应该对他宽容,容忍他本来的面目。他把那些高贵的保护者视如草芥,只有在他高兴的时候,才会谱些曲给他们。

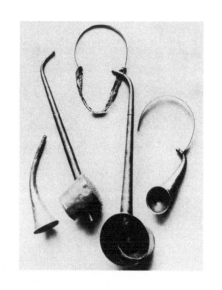

除了无法抑制的激情，他从来不喜欢任何东西，他像魔术师一样变换内心世界的形状。事实上，外部世界对他来说完全消失了，听觉把他同外部世界隔开。听觉，曾经是他唯一一个得以触碰外部世界的媒介，因为这个世界在他的眼中早已逝去。一个精神恍惚的人，走在维也纳拥挤的街道上，眼睛睁得大大的，凝视着前方，受到了乐声的启发，只有音乐世界可以让他在其中保持清醒。

从他出现听力问题，到慢慢加重，对他来说，这是一种可怕的折磨，使他产生了一种深深的忧郁。在完全丧失听力，听不到音乐时，他的痛苦并没有因令人心碎的怨恨蔓延开来。只有在他与世界来往时，痛苦才会影响他，但这个世界对他没有丝毫的吸引力，现在他更坚决地远离这个世界了。

一个被夺去听觉的音乐家！——你能想象一个失明的画家吗？

这我们不清楚，不过我们知道一位盲人先知——那就是提瑞西阿斯。他封闭了表象的世界，用内在的凝视来代替外在的感官，预言未来。这位失聪的音乐家就像他一样：他不再被生活的喧嚣所困扰，只听从自己内心的和声，并从内心深处与这个沉默的世界对话。因此，从非我中解脱出来的天才集中精力，并将自己限制在自我中。若是以提瑞西阿斯的心灵之眼投向贝多芬，会看到一个多么大的奇迹，多么大的启示呀！一个生活在人类中间的世界！一个活着的人的世界！

从那时起，这位音乐家的视野在自己的存在中逐渐清晰。他把目光投向了外在，这些外在被他内心的光芒所沐浴，反映在他内心的存在中。现在，他感受到的是事物的本质，它们闪耀着美好宁静的光辉。

森林、小溪、草地、蔚蓝的天空、欢快的人群、相爱的恋人、鸟儿的歌声、云彩的飘荡、暴风雨的喧嚣和雨过天晴的宁静——对这一切，贝多芬体会到了舒缓的快感。因此，艺术家所看到的一切，他所创造的一切，都充满了这种奇妙的宁静，多亏了他，这种宁静成为音乐的独特元素。即使是一声声呻吟，也透出了微笑：这个世界又恢复了孩童般的天真……"今天你和我在天堂"——当你聆听《田园交响曲》时，谁不为这声呼召感动呢？

运用这种力量的喜悦，使贝多芬身上产生了反讽的艺术效果。他玩弄从生存体验到的痛苦，从而得到无限满足，因此人间的磨难都不在话下了。印度教崇拜的世界的创造者梵天，曾因意识到自身的幻象而嘲笑自己。纯真恶意地玩弄赎罪的刺痛，解脱的意识嘲笑困扰过它的苦难。

在完全失聪的时期，贝多芬创作的《A 大调交响曲》和《F 大调交响曲》以及其他作品，都有一种安宁和谐感。就这一点而言，世界上没有任何一种艺术作品能与之匹敌。在这些作品中，听者首先体验到的是一种从所有罪恶中解脱出来的感觉；然后，听众意识到自己离开了天堂，重新回到表象的世界。因此，在神给予启示的最深刻的意义上，这些令人钦佩的作品使人们悔改和赎罪。

理查德·瓦格纳（Richard Wagner）

《贝多芬传》，1870 年

让－路易·克雷米厄－布里哈克（Jean-Louis Crémieux- Brilhac），

译自德文

伽利玛出版社，1970 年

划时代的作品

　　贝多芬某一部或者某一组音乐作品（诸如交响曲、四重奏、奏鸣曲）常带有本人的特色；而被称为"贝多芬终曲"的《庄严弥撒曲》《第九交响曲》、最后的四重奏、最后的钢琴奏鸣曲和《巴加泰乐》《狄亚贝利变奏曲》等曲目，同样具有个人风格。至于其他的作品，似乎都围绕着参照点来回变化——甚至那些不是贝多芬的作品亦如此。因此，贝多芬成为音乐史上鲜明的地标。

《第五交响曲》

　　《c小调交响曲》……把听众带入无限的空间，仿佛整个人不可抗拒地向上升腾，而且越来越快！第一段小快板的主导动机再简单不过，它只由两个小节组成，听众甚至无法辨别乐曲的调式。这段音乐包含的焦虑不安从附属主题中可以更好地展现出来。被这种感觉折磨的心灵仿佛受到窒息的威胁，想在痛苦的声响中展开曲调；但很快，一个和善的形象出现了，它将清辉投向了可怕的黑暗中。这个主题是多么简单——我们必须再说一遍，然而大师把它用作整部作品的基础！而过渡的乐句则以它们的节奏比例，奇妙地围绕主题展开，似乎是为了强调先前短暂的小快板的特点。所有的乐句都很短促，大部分只有两三个小节，由管乐器和弦乐器交替奏出。人们可能担心这会产生一些支离破碎、难以捉摸的感觉，但恰恰相反，正是这种整体的秩序，加上相继乐句和孤立的和弦的反复出现，使音乐在最重要的地方上得到了强调，带着一种无名的憧憬。更不用说技巧娴熟的对位处理手法，通过插入乐句，让主旋律不断变化，揭示了大师把握整体的本领。降A大调活跃的行板、优美的旋律、超然物外的声音，可不是在我们的心中倾注了希望和安慰吗？但在小快板中，那穿透痛苦灵魂的威胁，每时每刻都在它消失的暴风雨云中再次出现，它的闪电驱散了周围那迷人的景象。

《第五交响曲》第三乐章的草图。

　　小步舞曲说的是什么呢？听听这些独特的转调吧，在小调主导的大和弦里，将以低音作为下一个小调主题的结尾——这虽然是同一个主题，但它在几个小节中屡次发展。难道你没有被一种奇怪的不安所吸引吗？难道你没有感觉到自己仿佛置身于一个奇妙的国度吗？但是，最终的乐段在整个乐队的欢乐声中闪现，就像耀眼的阳光一样灿烂！对位的乐段交织在一起，共同体现出了整体的美。有人可能认为，这是一首精妙绝伦的狂想曲，只要仔细想想，人们就会被所说的那种难以言喻的感觉深深感染。在最后乐章到来之前，甚至在接下来的那些瞬间，我们将永远不会离开这个充满苦难与欢乐的幻想世界。

　　乐章的内部格局、展开方式、配器、组合方式，都是为了同一个目的。最重要的是，各主题之间深刻的亲和力产生了协调性，使听众始终保持在一种持续的感觉中。从两个乐句的连接、两个不同乐句所共有的基本低音中，我们都可以看到这些协调性。但有一种更深隐，不那么明显的相似性，只有

心灵才能察觉到，而这存在于两段快板和小步舞曲的乐句下，揭示了大师的
天赋。

霍夫曼（E.T.A.Hoffmann）

《克莱斯勒偶记》，1808 年

阿尔贝特·贝甘（Albert Béguin）翻译，

伽利玛出版社，1949 年

《克鲁采奏鸣曲》

这顿晚餐与所有晚餐一样，乏味又令人厌倦。我们很早就开始演奏音乐
了。啊！那晚的所有细节我记得清清楚楚！我记得他把小提琴拿来，打开琴
匣，褪去绣花琴套（那琴套是由某位女士送的），然后他开始调音。我记得
我妻子坐在钢琴旁，面无表情，但我感觉她在钢琴下隐藏着一种非常胆怯的

神情……这种胆怯主要是因为她对自己的演奏信心不足。他坐了下来，神情忧郁，先是弹了个 A 音，拨了拨琴弦，定好弦。我记得他们互相看了看，然后转过身来看了看在场的人，说了几句话，演奏就开始了。她弹出第一个和弦。特鲁哈切夫斯基（Troukhatchevski）的脸上露出了一种既讨人喜欢又认真严肃的表情，他专心于自己的声音，用精致的手指拨弄琴弦，与钢琴回应，演奏就这样开始了……波兹内舍夫（Pozdnychev）停了下来，发出了几次他特有的声音，他想继续说话，但是吸了一下鼻子，又停了下来。

"他们演奏的是贝多芬的《克鲁采奏鸣曲》。你知道第一个快板吗？你知道吗？"他喊道。啊！这首奏鸣曲真是摄人心魄啊！尤其是那个快板。总的来说，这首乐曲是多么可怕啊！那到底是什么？我不明白。什么是音乐？它能产生什么作用？它怎能这样惊心动魄？有人说音乐的作用是拯救灵魂……多么愚蠢，纯粹是谎言！音乐确实能起作用，对我来说起了可怕的作用，但绝不是使心灵高尚：它既不能使心灵高尚，也不能使心灵堕落，它只能使心灵产生冲动。我该怎么跟你说呢？音乐迫使我忘记自己，忘记我的真实状况，它把我带到一个不属于我的新境界。在音乐的影响下，我感觉到了原来感受不到的东西，懂得了原来不理解的东西，能做原来不会做的事情。怎么会这样？我解释说，音乐的作用就像打哈欠，就像发笑。我不困，但看到有人打哈欠，我就打哈欠；我不想笑，但当我听到有人笑的时候，我就笑了。

音乐把我带到作曲家的心灵世界。我的灵魂和他的灵魂融为一体，和他一起，从一个世界进入另一个世界，但为什么要这么做，我自己也不知道。写《克鲁采奏鸣曲》的贝多芬知道他处于那种状态的原因，并使他做出某些行为，所以这种心情对他有意义，对我却没有意义。这就是为什么音乐只会挑动情绪，不会使人得出结论。例如，我们演奏一首气势昂扬的进行曲，士兵们按照节拍行进，音乐便起到了它的作用。一演奏舞曲，我们就跳舞，音乐也达到了它的作用。音乐只是一种过度兴奋，在这种过度兴奋中又能做些什么呢？没什么。这就是为什么音乐有时会产生如此可怕的效果。在有些国家，音乐归国家管理。这很有道理。要是有人想要随意催眠一个人或几个人，然后任意摆布他们，这是被允许的吗？更重要的是，若这个催眠师道德败坏，这可怎么办呢？

音乐不管落在谁的手里，都是种可怕的工具。以这首《克鲁采奏鸣曲》为例，怎么能在客厅里，和敞着领口的贵如一起欣赏乐曲呢？听听音乐，鼓鼓掌，然后吃吃冰激凌，告诉别人最新的流言蜚语，这怎么行呢？这些乐曲只应在重要、严肃的情况下才能演奏，并应做出与音乐相和谐的某些重人行动。否则，这种不合时宜的音乐鉴赏会唤起不伦不类的情感，从而产生有害的结果。至少对我来说，它产生了灾难性的影响。它向我显露出从未体验过的感情与希望。"是的，是的，这与我以前的生活和思考方式完全冲突，是的。"我想我听到了内心深处的声音。我不知道这种新鲜的感觉是什么，它却给了我极大的快乐。周围还是那些人，有我妻子和特鲁哈切夫斯基，在我看来他们截然不同了。

接下去，他们又演奏了行板，优美悦耳却缺少独创性，再加上老套的变奏曲，随后是非常微弱的结束乐章。然后，应客人的要求，他们又演奏了恩斯特的《哀歌》和其他几首小品。这几首都很好，但它们给我的印象不及第一首的百分之一。这些曲子都是借助第一首的余音，才让人留下印象的。整个晚上我都感到轻松、快乐。至于我的妻子，我从未见过她那天晚上的模样。演奏时，我看见了她那双明亮的眼睛，那认真、严肃的表情；结束后，她完全放松下来，脸上露出淡淡的、惹人怜爱的幸福微笑！这一切我尽收眼底，但我并不觉得奇怪：她的感受和我一样，我们都产生了新的、未知的感情，仅此而已。晚上结束得很顺利，大家都回家了。

特鲁哈切夫斯基知道我两天后就要去参加会议了，与我们告别的时候，他说，希望他下次来莫斯科的时候，能再次享受今晚的乐趣。我可以得出结论，如果我不在，他就不来我家，这一点让我很高兴。因为在他走之前我还不能回家，所以我们再也见不到对方了。

第一次，我真诚地握着他的手，感谢他给我带来的艺术盛宴。他跟我妻子正式告别。他们当时的态度十分自然大方。我和妻子都对今晚感到满意。

列夫·托尔斯泰

《克鲁采奏鸣曲》，1891 年

西尔维·吕诺（Sylvie Luneau）、博里什·德·施勒策（Boris de Schlœzer）翻译，伽利玛出版社，1974 年

"贝多芬的晚年风格"

让我钦佩和偏爱的作品，多是那些小有名望的指挥家不怎么热衷的，因此极少有机会在指挥棒下演奏。这些作品中，首要的是贝多芬晚年风格的作品（不久前，人们还认为它们是耳聋和精神错乱的结果），我认为这些作品是最重要的，它们为演奏者和乐队提出了极高的要求，鞭策乐队的进步，但水准并没有全面提高——至少在重音、节奏、乐句和某些乐段的处理上，以及色彩的明暗安排方面，还须努力。总之，这是风格本身取得的进步。这些作品使一批指挥家摒弃了机械式打拍子的方式。这些指挥家在许多场合只会1—2—3—4、1—2—3—4地打拍子，根本无法表达音乐的本质。

弗朗茨·李斯特（Franz Liszt）

致理查德·波尔（Richard Pohl）的信

1853 年 11 月 5 日

让－克劳德·拉泰出版，1986 年

《狄亚贝利变奏曲》

贝多芬并不专属于 18 世纪。在他的第 15 首四重奏《一个康复病人感谢圣灵的吕底亚调式颂歌》中，他试图通过复调音乐营造古典的氛围，这使人联想到 16 世纪。那首带有幻想色彩的缓慢进行曲（第 20 首变奏曲）也带我们回到那个时代。这种 16 世纪式的情调，来自开头没有重复的卡农曲式，以及结尾处那个平静如水的乐句，还有大量重复的如管风琴音响般的长音符。贝多芬对 16 世纪的音乐了解多少？他对帕莱斯特里纳（Palestrina）可能有点了解，但大量的半音让人想起了杰苏阿尔多（Gesualdo）——贝多芬肯定对他不甚了解。还有德国的拉絮斯（Lassus），贝多芬唯一了解的可能只有一个名字。

当我听到明暗对比明显的乐句时，脑海中浮现出另一个名字——克劳德·德彪西，特别是构成第三句的重复小节，而德彪西也是一位继往开来的音乐家。

我已经提到过，《狄亚贝利变奏曲》最迷人的一首曲子与韦伯恩之间的关联。这些变奏曲超越时代，开风气之先。我提到亨德尔和那首哀婉的幻想曲（第 31 首变奏曲），但另一个名字势必会浮现在听众的脑海中，那就是肖邦。同样，他们也情不自禁地想到舒曼和穆索尔斯基（第 30 首变奏曲）。

然而，这两首变奏曲既继承传统，又开未来风气之先：那首带有幻想色彩的缓慢进行曲，让人想到了拉絮斯和德彪西；那首哀婉动人的幻想曲，让人同时想到了亨德尔和肖邦。贝多芬在探索过去的过程中，寻觅未来。因此，美国或法国的革命者也正是在这样的意义上，认为自己是希腊人和罗马人。

米歇尔·比托尔（Michel Butor）
《关于贝多芬根据一首狄亚贝利舞曲写作的 33 首变奏曲的对话录》
伽利玛出版社，1971 年

一首鲜为人知的交响乐

在这位伟大的音乐家的作品中，这首被忽视的《第十交响曲》是气势最为恢宏的交响曲之一。它的规模像宫殿一样巨大；而思想之深刻新颖，展开之精确，令人惊叹。

这首交响曲必须存在：9 这个数字不合贝多芬的意。他喜欢十进制。"我有 10 个手指。"他解释道。

一些人一本正经地聆听这部杰作，听过后又毫无道理地认定这部作品低于贝多芬平时的水准，并到处散布这样的说法。

但在任何情况下，贝多芬的水准都不可能低于他自己。即使在很小的程度上，它的技巧和形式仍然走在时代前列。粗制滥造绝不是贝多芬对待音乐的方式。

埃里克·萨蒂（Erik Satie）

《完美的装饰》，1912 年

最后几首四重奏

贝多芬晚年谱写的四重奏一共有 5 首。它们在形式、色彩和旨趣上各有不同，就像 5 根手指头，长长短短各有不同，但又在同一只手上，是亲密的兄弟。最后的几首四重奏与以前同一体裁的作品有很大的差别，甚至跟他晚年写的其他作品也并无共性。在这些四重奏作品中，贝多芬不再是他自己，而是站在整个人类的视野上观察人生。

同一心灵的不同声音

贝多芬的心灵复杂且丰富，他内心的悲伤，他人察觉不到。为了解脱自己，他需要宣泄他的情感与冲动，他受挫的希望与反抗，他的忧郁和坚忍，以及他对权力和欢乐的渴望。为此，他需要适应性最强、最深刻的复调音乐。

要想细致入微地体察他思想的每一个变化，最好的器乐形式莫过于《弦乐四重奏》了。它以令人钦佩的流动性延展 4 至 5 个八度的音域，4 个旋律声部处于"平等"地位。这首由 4 种乐器奏出来的乐声，最适于表现一个人心灵中的不同声音的冲突。

在这一时期，贝多芬也为管弦乐队谱曲，曲子中展示磅礴的气势。但弦乐四重奏远比管弦乐队要好得多，弦乐四重奏尽管各有不同，但是通过其音色的和谐性，充分表现了内涵丰富灵魂的统一。它最适合分析心灵的欲望、矛盾的冲动、与自己的对话，以及他缓慢而骚动不安的过程。让年轻的贝多芬充满激情的一直是钢琴。但在 1800 年至 1812 年间，他被舞台上伟大的演奏、如旋风一般的胜利交响乐所吸引。从那时起，他意识到自己找到了一个可靠的知己，可以把忏悔的秘密告诉它。在相当长的一段时间里，他的钢琴键盘是他的老翻译，也是他的荣耀信使。有时他不得不玩一些演奏技巧，在那里，他仍找到了一种吸引力，甚至启发了他的天赋；随着时间的推移，他慢慢厌倦了它，因为他的耳聋迫使他离开音乐厅，躲入他封闭的内心世界。在他的最后几首奏鸣曲之后，他就不肯再写，因为他觉得钢琴不足以表达自己了……

此时，弦乐四重奏符合他的基本要求——也符合他的弱点。

它是一种极好的思辨和分析工具，是最灵活、最精确、最紧张的音乐形式。四种相似的乐器同出一源，但又各具个性，各尽其能，而不破坏声音的完整性。四把乐器与其说是组成了自然的复调音乐，不如说它们能与自己进行内心的辩论，而不会使音色过于悬殊，分散人们的注意力。（在管弦乐队中，木管乐器和法国号往往更能吸引听众的注意力。）"从感官愉悦的角度来看，弦乐四重奏显然是单调了些——在莫扎特的五重奏中，单簧管是多么迷人啊！"感官愉悦有所失，思想上有所得。失聪以后的贝多芬固然无法听到乐声，在内心中却对音色保持着敏感。

有人说过，弦乐四重奏宛如一幅用两三支铅笔、石墨、色彩笔和彩墨绘制的图画。我们知道，一幅这样的画，如果是出自伦勃朗或达·芬奇之手，其价值与最美的油画不相上下，人们也会情不自禁地喜欢它们。四重奏的乐声设计是没有任何诡计的——这里缺乏乐队用来掩盖内心虚无的丰富音色。贝多芬从来不无病呻吟。

另一方面，我们可以肯定，在弦乐四重奏中，由于运弓揉弦的运用，一些声音难免会显得尖锐；再加上没有其他乐器配合——木管乐器的柔软圆润，或钢管乐器的明亮铿锵——往往流露出一种紧张、激昂甚至艰涩的意味……然而，这种持续的紧张感毕竟也是贝多芬式的，在持续表达的过程中，某些音弓尖锐的嗡嗡声并没有阻止这种紧张感。这是否意味着必须毫不留情地指责贝多芬，只执着于思想的深刻，而失去音乐之美？我不这么认为，因为贝多芬是一个十分伟大的艺术家，不会故意牺牲声音的美来换取它的哲理。倘若他的听觉健全，本可以成功地把它们结合在一起。

我过去喜欢演奏约阿希姆（Joachim）著名的四重奏，这首四重奏思辨意蕴有余，造型美和表演的和谐不足；但是现在我更喜欢维也纳的四重奏，它们把意义表达得和谐平衡的同时，不破坏音色之美。贝多芬的任何一部作品，其表面上的粗糙，都包含着深刻的和谐。演奏他的作品时，要在不减损力量的基础上表达和谐。力量，在贝多芬的音乐中是第一位的。

罗曼·罗兰

《未完成的大厦Ⅱ》

阿尔班·米歇尔（Albin-Michel）出版，1966 年

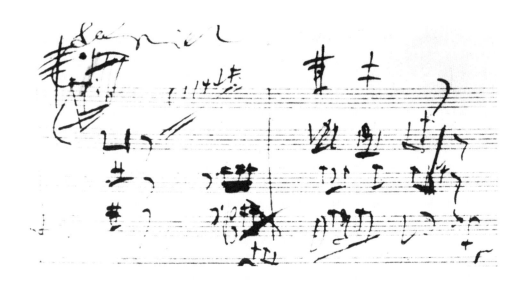

演奏最后的四重奏

很长一段时间以来，我一直有一种感觉，要想真正领略贝多芬最后的几首四重奏，就必须深入到作曲家最深刻的思想中。我们大可放心，他的技巧精湛，头脑敏锐，其他作品也证明了这一点：在这几首作品中，贝多芬表现的生活是无法用语言来描述的。然而，他又在乐谱中加注许多说明性文字，帮助演奏者体会他的感受。如果我们能够理解这些说明性暗示，我们就能更深入地接近贝多芬的精神。我在这里指的不是节奏指示——它的内在价值是显而易见的，而是其他不同寻常的指示。我们有时会觉得很

不习惯，感觉这些说明似乎是作曲家信笔写下的。但在看乐谱的时候，细读这些说明，你确实会产生一种感觉——贝多芬仿佛正在我们眼前创作此曲……

大量的指示性说明，巨大的变化都给人留下了极其深刻的印象。

贝多芬为音乐增添了另一个维度，产生了像说话时添加手势一样的效果。而我们只要注意到这些说明文字——至少在我看来——跟常规相悖，也就能理解贝多芬加上这些说明的原因了。突然间的强弱转变，这样的例子不胜枚举。这么做是为了制造或消除一种特殊的紧张氛围。贝多芬在使用张力方面毫不吝啬。例如，在作品 130 那段"活跃但不过分的行板"中，短短 2 个小节，力度变化的标记竟有 5 处之多！

彼得·克罗珀（Peter Cropper，林赛学院声音与视觉

四重奏乐队首席小提琴手），1983 年

决裂

他的形象，不再让人联想起孤僻与放逐。在与创作斗争的过程中，他点燃了自我的火焰，横扫一切，动力十足，忠实于内心动态的思想。他后来的作品仍有脉络可循：那时已不是循序渐进地发展了，而是两个极端之间的"引爆"，要么极强，要么极弱，没有中庸、和谐与本能反应。从音乐意义上来说，极端之间是：贝多芬或求有意义的修饰，或求复音多声，摒弃装饰性。

如何感受将两个极端压缩在一瞬间，是由听众的主观性决定的。这种瞬间里，复音多声造成的张力和和谐统一同时存在。此外，一种想要逃离冲突瞬间的努力，使音乐暂时凝滞，仿佛拈花以纪念过往。这种突然间的停顿，是贝多芬晚期作品的鲜明标志，表示情感爆发的时刻。当作品瞬间被抛出时，便立即归于沉默，归于空虚。

只有在这一点上，其后的乐段才随即加入。一边逃离主观性的秩序，一边与之合谋。隐情为何？秘密就在他们之间——除了它们两者共同形成的意象，没有唤起其他意象，这正是贝多芬后期被认为既主观又客观的手法。客

观是脆弱的风景，主观是照耀这些风景的光。贝多芬没有让两者合成为和谐的和声，反而撕裂它们，企图使它们达成永恒。在艺术史上，晚期作品多半是灾难。

提奥多·阿多诺（Theodor W. Adorno），1937 年

载于《彩虹》第 40 期，1990 年

《第九交响曲》

《第九交响曲》是一部气势恢宏的作品，它甚至打破了器乐的框架，将声乐（独唱与合唱）引进到席勒的《欢乐颂》的交响乐中。它之于音乐的未来，就像大爆炸之于宇宙的历史一样。他让人着迷，此曲也让人着迷。这反映了贝多芬的深思熟虑。

让喜乐拯救人类

凭借《第九交响曲》，贝多芬创造了他最雄伟的音乐丰碑。全曲一开始就揭示了一个磅礴的乐声，震慑住了听众，随即进入最初的主题：先出现音阶中的第五级（A），然后是第一音级（D），随后下行到下属音（G），以此类推，形成自然和弦。这些音符标志着生与死斗争的开端，在前两个乐章中，贝多芬陷入了一场与死亡的斗争。当我指挥第二乐章时，我总是感觉到死亡在我肩上看着我。即使是急板（第二乐章）过后，也没有摆脱这种感觉。温柔音符不过是幽灵翱翔于天空。在第三乐章，挣扎进入最后阶段。小号表现了死神在敲门，贝多芬则用提琴拒绝死神。直到最后一刻，他的回答仍然是"不"！但在乐章结尾，他终于遇到了不可避免的死神。对我来说，结尾部分已经不是在人的世界进行的了。

如此详细地谈论个人的幻象不免有些武断，但用我的心灵确实清楚地看到了贝多芬进入天堂的那一刻。第四乐章讲述了这一过程，告诉他面前的天堂是怎样的。不过现有的乐队不足以表达贝多芬的想法。于是，他回到所有乐器的源头——人类的声音，通过精心营造的过渡、具有象征性的转移，为人类声音的进入做好准备。在引子部分，低音提琴奏出的宣叙调不断地被前几个乐章的主题打断。这些插入是什么意思呢？独唱者的开场白解释了这一点："啊，朋友们，何必……"确实，冲突应该消失，痛苦和死亡的记忆也应该消失。让我们高唱更愉快、更欢快的歌曲吧！每次我指挥这部作品，我都会一次次地感受到这种情绪。在其他交响曲中，贝多芬提及借助自由与自然，通过征服命运，以及神圣的欢乐和舞蹈的能量来救赎自身。这部作品的主题是：让喜乐拯救人类。

约瑟夫·克里普斯（Josef Krips）
《唱片之最》，1963 年

"规则到此为止！"

在如歌的慢板中，贝多芬很少遵循统一的原则，以至于人们可能会听到两种不同的音乐形象。第一个音乐形象是 4 拍子的降 B 大调，第二个是全然不同的 3 拍子的 D 大调。第一个主题经第一小提琴略微装饰，并作变奏以后，又在原始的调式中再次出现。引进 3 拍子的旋律则不进行任何装饰的改变，直接在 G 大调中再现。在此之后，第一个主题被确定下来，不再允许其他乐句与它分享听众的注意力。这种美妙的慢板要反复听好几次，人们才能完全适应这种独特的处理方法。至于所有这些旋律的美，乐曲表达的充满忧郁的温柔、激情过后的疲惫和梦幻般的虔诚，都不是我的笔墨能形容的了，这是一部博大精深的作品，当我们领略它充满力量的魅力之后，我们只能回应批评，对那些指责作曲家违反了统一法则的评论家，你会嗤之以鼻："让规则见鬼去吧。"

我们正处于人声与管弦乐队联合的时刻。大提琴和低音提琴唱着宣叙调，

《第九交响曲》的亲笔乐谱。

然后是管乐器演奏的曲子，刺耳而猛烈，就像愤怒的呐喊……

这是贝多芬所有交响曲中最难演奏的一首，演奏需要耐心与反复研究，最重要的是，要把握好指挥的分寸。它还需要大量出色的歌手，特别是好些地方，合唱团的声音必须盖过管弦乐队的声音。而且，歌词的排列方式，某些段落高亢的乐声，会给演唱者造成非常大的困难，大大降低了音量和力度。

埃克托·柏辽兹

《穿过歌声》，1862 年

《欢乐颂》

朋友们，不要旧调重弹！
且让我们唱一些
更美好，更快乐的歌吧！

欢乐女神圣洁美丽，
灿烂光芒照大地，
我们燃烧着火焰样的激情，
来到你的圣殿里。

你的魅力，能把人类
聚集在一起；
在你温柔的翅膀下，
所有的人都成为兄弟。

谁能成为一个忠实的朋友，
献出宝贵的友谊，
谁能得到纯洁的爱情，
都和大家来欢聚！
谁能为自己的灵魂找到高尚的道路，

如果找寻不到，只好让他去哭泣！

一切生命共享欢乐，
在这美丽的大地上。
无论美丑善恶，
都要寻求幸福。

上天赐予我们美酒，
以及同生共死的朋友，
他让众生同欢乐，
与天使共欢唱。

欢乐如同天上的太阳，
穿过壮丽的天堂，
兄弟们，你们的道路宽阔，
像英雄走向胜利！

拥抱吧，普天之下的生灵！
这个吻，敬整个世界！
兄弟们，天堂之上，
一定有一位慈爱的天主。

你跪拜了吗，数以百万计的生灵？
世界，你感觉到慈爱的天主了吗？
啊！快到天上找他！
他一定住在天堂里。

路德维希·范·贝多芬《欢乐颂》
据弗里德里希·席勒作品创作

另一世界的沉思

　　《第九交响曲》宛如一面镜子，映照出贝多芬最为深刻的思想。这种思想中包含了炽热的神秘主义、对自然与道德良知的直觉与日耳曼神话式的神智论。所有这些都是本着他年轻时的精神——采取英雄和革命行动的意愿所激发的。到他创作《第九交响曲》时，他已经是一个"幽灵"了。1825年的"维也纳"与1792年的"波恩"相去甚远。贝多芬的思想一直忠实于这一点：他保持着他年轻时的梦想——席勒和康德浪漫主义觉醒时期的梦想，伊壁鸠鲁怀疑主义盛行时期的梦想，拜伦和罗西尼（仅举两个最伟大的例子）时代的梦想。他是新一代人中的陌生人，仿佛是另一个世纪的人——一个超越几个世纪的人。因此，即使是他的朋友也不理解他。最优秀的人对他怀有崇高的敬意——就像是在向另一个时代的受神启之人讲话一样。

　　奇怪的是，它更接近我们的时代，但并没有得到充分理解。大众在他的《第九交响曲》中隐晦感觉到的不是过去，而是未来，他似乎是一个近乎神话般的先行者。《第九交响曲》产生于伟大的人道主义时代，受到该时代理性和感情的滋养，然而那个时代业已逝去。对于我们正在经历的铁器时代（1941）来说，贝多芬留给后人的，还有一座被遗弃在沙漠中的圣殿，它是伟大梦想的不朽见证——这个梦想总是在人们心中酝酿，那就是要建造一个人间天堂，所有的人类亲如兄弟，生活在理性和喜乐的世界中。

　　然而，令人震惊的是，在所有的音乐作品中，人们总是把《第九交响曲》

K. K. Hoftheater nächst dem Kärnthnerthore.

Große musikalische Akademie
von
Herrn L. van Beethoven,

上面是 1824 年 5 月 7 日在维也纳举行音乐会的公告，《第九交响曲》将在那里首演。

放在一个特殊的位置上。那些苛刻的音乐评论家们对人们的致敬感到愤怒。

我们并不认同评论家们的想法，大众的评价不会让音乐产生任何损失。因为音乐本身就是思想的载体，不要再说它从属于思想的话了！这是《第九交响曲》最伟大的胜利，两者相辅相成，而不损害对方。几个世纪以来，我们一直在争论关于诗歌和音乐的从属关系。18世纪，有些人赞成音乐的绝对至高无上的地位，而另一些人则赞成"缪斯更喜欢善歌的美人鱼"。贝多芬通过思想与音乐的完美融合解决这个问题，这首交响乐的最终乐章就是极佳证明。我们必须注意一点：他不是通过一丝不苟地强调歌词来实现结合的，也不像在《庄严弥撒曲》中那样忠实地翻译乐句，而使歌唱性的乐章有时分散得过细——但礼拜仪式的要求迫使他这样做。他自由运用席勒的诗句——或者更确切地说，广泛使用这些诗句。不过，他为这些诗句重塑了精神和实质，为己所用，并在其中注入了音乐的血液。

罗曼·罗兰

《未完成的大厦》，1943年

相关文献

乐曲

所有的贝多芬作品出自两个不朽的版本：

[1]《贝多芬作品全集》第 25 卷，由德国莱比锡的布莱特克普夫与黑特尔出版社出版。

Beethovens Werke, en 25 volumes, chez Breitkopf & Härtel, Leipzig

[2]《作品全集》，波恩的贝多芬豪斯出版社出版，J. 施密特 – 戈尔格编辑整理，1961 年。

Werke, en cours de publication depuis 1961 par le Beethoven-Haus de Bonn, sous la direction de J. Schmidt-Görg.

信件，笔记和文件

[1]《贝多芬：通信》第 2 卷，让·桑塔瓦纳翻译，2008 年。

Beethoven:Correspondence,édition et traduction par Jean Chantavoine, 2 vol., Éd. du Sandre, 2008.

[2]《贝多芬的对话笔记本》，J.G. 普罗多姆版，巴黎，1946 年，后来的版本被 K.H. 科勒和他的团队获得。

Les Cahiers de conversations de Beethoven,édition J. G. Prodhomme, Paris, 1946, sont dépassés par les résultats obtenus par K. H.Köhler et son équipe, mais inédits en français.

[3]《日记》，A. 莱曼兹版，M.V. 库比翻译，巴黎，1936 年。

Carnets intimes, édition A. Leizmann,traduction M.V. Kubié, Paris, 1936.

专著和主要研究

[1]安德烈·布库雷什利耶夫，《贝多芬》，塞伊出版社，1963 年。

André Boucourechliev, *Beethoven*, Seuil, 1963.

[2]伊丽莎白·比松，《贝多芬音乐指南》，法亚尔出版社，2005 年。

Elisabeth Buisson, *Guide de la Musique de Beethoven*, Fayard, 2005.

[3]肯尼斯·德雷克，《贝多芬奏鸣曲与创造性经验》，印第安纳大学出版社，1994 年。

Kenneth Drake, *The Beethoven Sonatas and the creative experience*, Indiana University Press, États-Unis, 1994.

［4］爱德华·赫里奥特，《贝多芬生平》，伽利玛出版集团，1928 年。

Édouard Herriot, *La Vie de Beethoven*, Gallimard, 1928.

［5］雅克·朗尚特，《贝多芬四重奏》，法亚尔出版社，1987 年。

Jacques Lonchampt, *Les Quatuors de Beethoven*, Fayard, 1987.

［6］让和布里吉特·马辛，《路德维希·范·贝多芬》，法亚尔出版社，1967 年。

Jean et Brigitte Massin, *Ludwig van Beethoven*, Fayard, 1967.

［7］米歇尔·比托尔，《关于贝多芬根据一首狄亚贝利舞曲写作的 33 首变奏曲的对话录》，阿尔马丹出版集团，2001 年。

Michel Philippot, *Diabolus in Musica : les Variations de Beethoven sur une valse de Diabelli,* L'Harmattan, 2001.

［8］查尔斯·罗森，《贝多芬钢琴奏鸣曲》，伽利玛出版集团，2002 年。

Charles Rosen, *Beethoven, les Sonates pour piano*, Gallimard, 2002.

［9］安德烈·图布夫，《贝多芬》，法国南方文献出版社，2009 年。

André Tubeuf, *Beethoven*, Actes Sud, 2009.

［10］罗曼·罗兰，《贝多芬伟大的创作时代》，再版，阿尔宾 – 米歇尔出版集团，1966 年。

Romain Rolland, *Beethoven, les grandes époques créatrices*, rééd. en un vol., Paris, Albin-Michel, 1966.

［11］梅恩哈德·所罗门，《贝多芬》，H. 希尔德布兰德译，拉泰斯出版社，1985 年，再版。法亚尔出版社，2003 年。

Maynhard Solomon, *Beethoven*, traduction H. Hildebrand, Paris, Lattès, 1985, rééd. Fayard, 2003.

［12］马克·维格纳，《贝多芬在维也纳》，法亚尔出版社 / 米拉雷出版社，2004 年。

Marc Vignal, *Beethoven à Vienne,* Fayard/Mirare, 2004.

专辑

很多艺术家演奏过贝多芬著名的《月光奏鸣曲》或《第五交响曲》，然而，还有些才华横溢的演奏家也注意到那些不太知名的作品，十分有趣的是，贝多芬所有值得注意的作品都被记录了下来。记录曲目丰富（特别是奏鸣曲、四重奏和交响乐），且不囿于规则，而是使用连贯的整体，并拒绝那些不带有贝多芬风格的作品（例如，这里没有收录钢琴与管乐五重奏的所有曲目）。此外，选择应该反映当前的诠释趋势，但不排除一些历史录音，这些录音在某种程度上的确是贝多芬（巴克豪斯，奥斯特拉赫，克里普斯）现代诠释的典范。

钢琴独奏

［1］《奏鸣曲》，阿尔弗雷德·布伦德尔。

Sonates, Alfred Brendel.

［2］《狄亚贝利变奏曲》，斯维亚托斯拉夫·里克特。

Variations Diabelli, Sviatoslav Richter.

［3］《巴加泰勒》，丹尼尔·布鲁门塔尔。

Bagatelles, Daniel Blumenthal.

室内乐

［1］《小提琴与钢琴奏鸣曲》，大卫·奥斯特拉赫、列夫·奥博林。

Sonates pour violon et piano, David Oïstrakh, Lev Oborine.

［2］《大提琴和钢琴奏鸣曲》，弗拉基米尔·罗斯特罗波维奇、斯维亚托斯拉夫·里克特。

Sonates pour violoncelle et piano, Vladimir Rostropovitch, Sviatoslav Richter.

［3］《降 B 大调第二钢琴协奏曲》，弗拉基米尔·阿什肯纳齐、伊扎克·帕尔曼、林恩·哈雷尔。

Trios pour piano, violon et violoncelle, Vladimir Ashkenazy, Itzhak Perlman, Lynn Harrel.

［4］《弦乐四重奏》，奥尔班 – 伯格四重奏。

Quatuors à cordes, Quatuor Alban-Berg.

［5］《为小提琴、中提琴、大提琴、低音提琴、单簧管、圆号和大管而作的七重奏》，新维也纳八重奏的成员。

Septuor pour violon, alto, violoncelle, contrebasse, clarinette, cor et basson, membres du Nouvel Octuor de Vienne.

交响乐

［1］《小提琴协奏曲》，伊扎克·帕尔曼，爱乐乐团，卡洛·玛丽亚·朱林指挥。

Concerto pour violon et orchestre, Itzhak Perlman, Orchestre Philharmonia, dir. Carlo Maria Giulini.

［2］《钢琴与管弦乐协奏曲》，威廉·巴克豪斯，维也纳爱乐乐团，汉斯·施密特 – 伊塞尔斯特德指挥。

Concertos pour piano et orchestre, Wilhelm Backhaus, Orchestre philharmonique de Vienne, dir. Hans Schmidt-Isserstedt.

［3］《钢琴，小提琴，大提琴及管弦乐协奏曲》，马克·泽尔泽、安妮·索菲·穆特、马友友，柏林爱乐乐团，赫伯特·冯·卡拉扬指挥。

Concerto pour piano, violon, violoncelle et orchestre, Mark Zeltser, Anne Sophie Mutter, Yo Yo Ma, Orchestre philharmonique de Berlin, dir. Herbert von Karajan.

［4］《交响乐》，伦敦交响乐团（《第九交响曲》：珍妮弗·维维扬、雪莉·卡特、鲁道夫·彼得拉克、唐纳德·贝尔和英国广播公司合唱团），约瑟夫·克里普斯指挥。

Symphonies, Orchestre symphonique de Londres (pour la *Neuvième Symphonie* : Jennifer Vyvyan, Shirley Carter, Rudolf Petrak, Donald Bell et les chœurs de la BBC), dir. Joseph Krips.

声乐作品

［1］《菲德里奥》，加德·贝伦斯、彼得·阿德曼、汉斯·索丁、亚当。芝加哥合唱团和交响乐团，左尔格·索尔蒂指挥。

Fidelio, Hildegard Behrens, Peter Adtmann, Hans Sotin, Theo Adam. Chœur et Orchestre symphonique de Chicago, dir. Georg Solti.

［2］《基督在橄榄山》，莫妮卡·皮克－希罗尼米、詹姆斯·安德森、维克多·范·哈莱姆，里昂国家合唱团和管弦乐团，塞尔日·鲍多指挥。

Christus am Ölberge (Le Christ au mont des Oliviers), Monica Pick-Hieronimi, James Anderson, Victor Van Halem, Chœur et Orchestre national de Lyon, dir. Serge Baudo.

［3］《庄严弥撒曲》，莱拉·库伯利、特鲁德利泽·施密特、文森·科尔、何塞·范·达姆，维也纳歌唱协会合唱团，柏林爱乐乐团，赫伯特·冯·卡拉扬指挥。

Missa solemnis, Lella Cuberli, Trudeliese Schmidt, Vinson Cole, José Van Dam, Singverein de Vienne, Orchestre philharmonique de Berlin, dir. Herbert von Karajan.

全集

《路德维希·范·贝多芬全集》(*Ludwig van Beethoven, complete works*，100首曲目）：这是艺术和技术水平很高的版本，音乐爱好者将能够确定自己的方向，并决定演奏的优先次序，全集除大型系列之外的作品，还包括鲜为人知的曲子。

插图目录

Scltzam）作，收藏于维也纳城市历史博物馆。

010	《克里斯蒂安·戈特洛布·尼夫像》，佚名画家作，收藏于波恩的贝多芬故居。
012	183 首《奏鸣曲》封页。
013	《顿采拉格大键琴》，1716 年，收藏于里昂装饰艺术博物馆。
014~015	《约瑟夫·海顿与一个四重奏组一起演奏》，尤利乌斯·施密德（Julius Schmid）作，收藏于维也纳市立历史博物馆。
015 上	《约瑟夫·海顿在钢琴前》，不透明水彩画，约翰·齐特勒（Johann Zitterer）作，约 1795 年，收藏于维也纳的海顿纪念馆。
017	《马克西米利安像》，收藏于波恩的贝多芬故居。
018~019	《莫扎特和年轻贝多芬》，佚名画家，约 1870 年。
020 上	《贝多芬像》，微型画，克里斯蒂安·霍尔曼（Christian Horemann）作，收藏于波恩的贝多芬故居。
020~021	《冯·布罗伊宁夫人和她女儿爱莱奥诺》，剪影，由韦格勒家族的科布伦茨收藏。
023	《约瑟夫·海顿肖像》，埃德·哈曼（Edouard Hamman）版画，收藏于巴黎国立图书馆。
024~025	《维也纳利奥波德剧院内景》，收藏于维也纳市立历史博物馆。
026	贝多芬创作《庄严弥撒曲》，佚名画家作，仿自约瑟夫·施蒂勒（Josef Stieler）1819 年的一幅画作。

第二章

027	《最后的和弦》（细节），斯蒂芬·路易斯（Stephen Lewis）作，收藏于汤尼利堂艺术陈列馆。
028	《卡尔·利奇诺夫斯基亲王像》，哥德尔作，收藏于捷克 Toppau 博物馆。
029	《安东尼奥·萨列里像》，佚名画家作，收藏于维也纳音乐之友协会。
030	《贝多芬未完成的早期作品的手写乐谱》，约 1790 年。
032 上	《贝多芬的大钢琴》，绘于他落葬之日，1827 年。
033 上	《贝多芬的钢琴》，雕刻画，约 1880 年。
032~033 下	《第一钢琴与管弦乐协奏曲》（作品 15）的手写乐谱（细节）。

034 上	《贝多芬在创作月光奏鸣曲》，伏格尔（Vogel）作，约 1890 年。
034 下	《贝多芬为朋友弹奏》，阿尔贝特·格雷弗尔（Albert Graefle）作，19 世纪。
035	《贝多芬为普鲁士的路易·斐迪南亲王演奏》，据路德维希·皮奇（Ludwig Pietsch）原作所制版画，约 1880 年。
036 左	《悲怆奏鸣曲》（作品 13）初版封面，1799 年。
036 右	《布拉格街景》（细节），彩色版画，18 世纪，收藏于布拉格的莫扎特纪念馆。
037 上	《第三弦乐四重奏》（作品 18）封面，1798 年，收藏于维也纳音乐之友协会。
037 下	《一堂音乐课》，版画。
038~039	贝多芬日记，其中有沃尔德斯坦伯爵写的一封推荐信，收藏于波恩的贝多芬故居。
040 左	海顿、巴赫、莫扎特和贝多芬，版画。
040 右	《创作中的贝多芬》，据赫尔曼·容克（Hermann Junker）原作所制的版画，1869 年。
041	《贝多芬在作曲》，铜版画。
042~043	《贝多芬在海利根施塔住所前》，水彩画，贝克·托齐克（Beck Torzik）作，巴黎私人收藏。
044	《图恩伯爵夫人像》，菲格尔（H. F. Füger）作，收藏于维也纳的贝尔维蒂画廊。
045 上	《钢琴小提琴奏鸣曲》（作品 102）总谱手稿，收藏于柏林国立图书馆。
045 中	《朱莉埃塔·吉契阿迪像》，微型画，佚名画家作，收藏于波恩的贝多芬故居。
046	《阿玛莉·泽芭尔德像》，粉彩画，斯笃克作，收藏于维也纳市立历史博物馆。
047 上	《安娜·范·韦斯特霍尔特像》，收藏于波恩的贝多芬故居。
047 下	《特蕾莎·范·布隆斯维克像》，约翰·巴普蒂斯特·冯·兰皮（Johann Baptist von Lampi）作，出处同上。
048	《月光奏鸣曲》，石版画，扎莎·施奈德（Sascha Schneider）作，1901 年以前。
050	《月光奏鸣曲》（作品 27）封面，收藏于巴黎国立图书馆。

第四章

071	贝多芬，据 J. 施密德（J. Schmid）原作所制的版画，1905 年。
072	《维也纳洛布科维茨府邸》，彩色版画，文岑茨·雷姆（Vincenz Reim）作，收藏于维也纳市立历史博物馆。
074 上	《巴登的公园》，彩色版画，约 1820 年。
074~075	《巴登》，水彩画，劳伦斯·扬莎绘，收藏于维也纳。
076 上	《尼古拉斯·埃斯特哈齐二世像》，马丁·范·诺勒（Martin von Knoller）的画作。
076 下	《埃斯特哈齐府邸与马利希夫花园》，彩色版画，约 1815 年。
077 上	克莱门蒂像，铜版画，阿尔弗雷德·莱莫瓦纳绘。
077 下	埃斯特哈齐城堡，佚名画家作。收藏于艾森施塔特的海顿纪念馆。
078	贝多芬在创作《田园交响曲》，收藏于波恩的贝多芬故居。
080~081 上	《第四交响曲》（作品 60）总谱手稿，1806 年，收藏于柏林国立图书馆。
081 中	《平静的海与幸福的航行》（作品 112）扉页，题献给歌德，收藏于巴黎国立图书馆。
082~083	《拿破仑一世驾临舍恩勃隆府邸》，版画，约 1820 年，收藏于巴黎装饰艺术图书馆。
084	《埃格蒙特》总谱手稿，1809—1810 年。
085 上	《歌德在书房里向秘书约翰·克里斯蒂安·舒巴特（Johann Chr. Schubart）口授文稿》，水彩画，根据约翰·施梅勒的一幅画作，1831 年。
085 下	《第七交响曲》在巴黎首演时的观众。欧仁尼·拉米（Eugène Lami）画，1840 年，由巴黎的安德烈·迈耶（André Meyer）收藏。
086 左	《致不朽的挚爱》（1807 年 7 月 6 日）的最后一页，收藏于柏林国立图书馆。
086 右	《贝蒂娜·布伦塔诺画像》，1809 年。
087	奥军在维也纳近郊与法军交战，铜版画，1805 年，收藏于维也纳城市历史博物馆。
088	《贝多芬》，B. 诺丁画，19 世纪初。
089	《第九交响曲》和《英雄交响曲》总谱，以及贝多芬的助听器。

资料与文献

索引

图片版权